保育わかばBOOKS

エピソードでわかる！

クラス運営に役立つスキル

監修 社会福祉法人
　　　日本保育協会
著　石井章仁

中央法規

監修のことば

　核家族化の進展、地域のつながりの希薄化、共働き家庭の増加、兄弟姉妹の数の減少など子育て家庭や子どもの育ちをめぐる環境が大きく変化したことを背景に、平成27年4月に「子ども・子育て支援新制度」が施行され、平成29年には保育所保育指針や幼保連携型認定こども園教育・保育要領が改正されました。

　こうした中、新たに保育の現場に立つこととなった皆様に対する保育現場からの期待は大きなものがあります。一方で、これから現場に立たれる保育者の皆様は、様々な不安や戸惑いを感じることもあるのではないかと推察いたします。

　この「保育わかばBOOKS」第2弾では、保育現場に立たれて間もない新任の保育者や、キャリアにブランクのある保育者のために、日常の保育に求められる実践力や専門性の基礎をわかりやすく解説した実務書シリーズとして企画されました。

　本シリーズは、「保育を活性化するすきま時間を活用した遊び」「クラス運営に役立つ基本・応用スキル」「保護者とのコミュニケーション」「子どもの食を支える基本」「子どもの発達をとらえた保育実践」をテーマとして発刊することとなりました。

　皆様が本シリーズを活用し、今後さらに求められる保育の実践力や専門性を培われ、ますますご活躍されることを心より期待しています。

社会福祉法人　日本保育協会

はじめに

　この本は、夢がかない保育者となった方や、子育てがひと段落し再び保育現場に復帰される方、はじめてクラス運営に携わる保育者向けに、クラス運営をよりよくおこなう助けとなるように作成しました。そのため、新任など経験の浅い保育者が直面するような場面を、わかりやすい要素を散りばめて構成した「ビネット（＝箱庭）」という手法で表現し、その解決方法を考えるという体裁を試みました。

　平成29年に、保育所保育指針、幼稚園教育要領、幼保連携型認定こども園教育・保育要領が改正され、平成30年より新たな指針・要領にもとづく保育がおこなわれることになりました。本書では新しい指針・要領と照らし合わせ「変わったこと」「変わらずにずっと大事に受け継がれていること」をわかりやすくまとめました。

　保育者は、ベテランであれ新人であれ、生まれて年月の浅い乳幼児が生活の大半を過ごす園のなかで、もっとも身近で信頼される大人です。そして、もう少し大きく、社会的にいえば、「これから社会を担う人材である子ども」を育てる重要な使命を担っています。

　どんな子どもでも、その育ちを保障され、健やかに成長する主体的な権利を有しています。ですから保育者は、子どもが自分で考え、自己選択・自己決定でき、

生活や遊びを通して総合的に成長するようにかかわっていく責任のある仕事です。また、保護者を支え、子育てに関する相談を受け、支援をおこなう責任も負っています。保護者のなかには、子育てがはじめてという方もいれば、すでに子育て経験のある方もいます。子育てが楽しいと思える方もいれば、そうでない方もいます。いろいろな背景をもつ子どもやその保護者を受容し、ともに子どもを育てる援助関係をつくることも業務のひとつといえるでしょう。

　そのため保育者は、現場で実践を通して学び、常に自身のスキルを高めていく必要があります。目の前の子どもや保護者の状況に応じて、保育や援助の方法も変化します。あらゆる状況に柔軟に対応できるよう、また継続的にキャリアを高められるよう、常に自己研鑽していく必要もあるでしょう。

　保育の仕事は、突き詰めれば突き詰めるほど、おもしろくもなり、つらくもなる職業であり、常に研鑽が求められます。保育者としての基本を身につけ、専門性を磨き、子ども一人ひとりの育ちを支えていく一助として本書を活用いただければ幸いです。

石井章仁

エピソードでわかる！
クラス運営に役立つスキル
CONTENTS

監修のことば …… 3
はじめに …… 4
本書の特長と使い方 …… 8

第1章　保育者に求められる基本の「き」

社会人として、保育者として …… 10
クラス運営の基本 …… 20

第2章　クラス運営に役立つ基本スキル14

基本スキル1	子どもの観方（子どもの観察）	…… 30
基本スキル2	個と集団の保育	…… 34
基本スキル3	保育の環境づくり	…… 38
基本スキル4	子どもの遊びを広げる	…… 42
基本スキル5	保育における「養護」	…… 46
基本スキル6	「遊びと学び」違うの？ 一緒なの？	…… 50
基本スキル7	スムーズな活動移行	…… 56
基本スキル8	集団遊びの留意点	…… 60
基本スキル9	子どもの表現活動	…… 64
基本スキル10	子どもの制作活動	…… 68
基本スキル11	子どもの身体的活動	…… 72
基本スキル12	子どもの生活を豊かにする	…… 76
基本スキル13	子どもの安全・衛生管理	…… 80
基本スキル14	連絡帳・おたよりの書き方	…… 84

第3章　クラス運営に役立つ応用スキル12

応用スキル **1**　環境構成①
　　　　　　　（外遊びの環境をデザインする）…… 90

応用スキル **2**　環境構成②
　　　　　　　（室内遊びの環境をデザインする）…… 94

応用スキル **3**　保育者としての省察 …… 98

応用スキル **4**　保護者との関係づくり …… 102

応用スキル **5**　子どもの育ちの可視化 …… 106

応用スキル **6**　保護者とのコミュニケーション①
　　　　　　　（日常の保育を伝える）…… 110

応用スキル **7**　保護者とのコミュニケーション②
　　　　　　　（相談援助）…… 114

応用スキル **8**　アセスメントの方法 …… 118

応用スキル **9**　気になる子どもの保育 …… 120

応用スキル **10**　振り返りと自己評価 …… 124

応用スキル **11**　チームワークの実際 …… 128

応用スキル **12**　自己管理（ストレス対策）…… 132

Read me

本書の特長と使い方

特長

- 現場でよくある事例を取り上げ、保育者に求められる資質とかかわり、クラス運営に必要なさまざまなスキルを紹介しています。
- 本書は3章で構成されています。第1章では「保育者に求められる基本」を解説、第2章ではクラス運営に必要な基本スキル、第3章では応用スキルを解説しています。

使い方

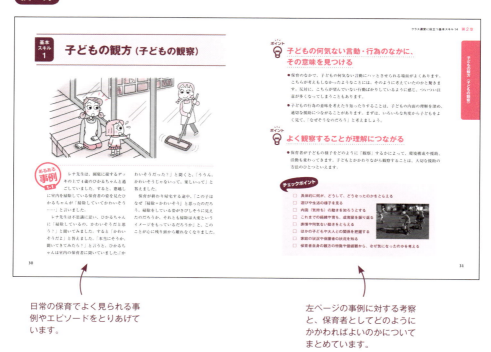

日常の保育でよく見られる事例やエピソードをとりあげています。

左ページの事例に対する考察と、保育者としてどのようにかかわればよいのかについてまとめています。

8

第1章

保育者に求められる基本の「き」

子どもの成長に総合的にかかわる専門職として、保育者に必要な資質と、押さえておくべき知識をまとめます。

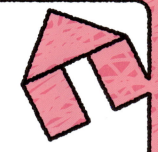

社会人として、保育者として

1. 保育の仕事は同じ

　保育の仕事は保育所・幼稚園にかかわらず、子どもの育ちと学びを保障する養護と教育の一体的な営みであり、よりよい教育や援助をおこなうかけがえのない仕事であると多くの人が考えることでしょう。

　子どもが、はじめて親以外の大人や子ども同士の集団とかかわり、自然や周囲の環境と出会い、心の内を表現し、"人としての基礎"を培う、そのすぐ傍に寄り添うきわめて重要な仕事といえます。子どもの発達を助長し、人生の基礎・土台をつくることは、その地域や社会にとっても価値あ

保育士	「登録を受け、保育士の名称を用いて、専門的知識及び技術をもって、児童の保育及び保護者に対する保育に関する指導を行うことを業とする者」(児童福祉法第18条の4)。	保育所：保護者の委託を受けて、保護者の就労や出産、介護、疾病や障害などの理由で「保育を必要とする」乳幼児の保育をおこなう児童福祉施設（児童福祉法第39条）。
幼稚園教諭	「教育職員免許法」に規定された免許状を有する者で、「幼児の保育をつかさどる」(学校教育法第27条)職務をおこなうこととされている。	幼稚園：学校教育法第1条に定められた学校の一種。満3歳～小学校就学前の幼児を「義務教育及びその後の教育の基礎を培うものとして、幼児を保育し、幼児の健やかな成長のために適当な環境を与えて、その心身の発達を助長することを目的とする」(学校教育法第22条)施設。
保育教諭	「園児の教育及び保育をつかさどる」(認定こども園法第14条第10項)とされ、保育士資格と幼稚園教諭免許状の併有が必要となる。	幼保連携型認定こども園：幼稚園・保育所の双方の機能と地域子育て支援の機能を合わせもつ、教育機関であり児童福祉施設（認定こども園法第2条第7項）。「幼保連携型」「幼稚園型」「保育所型」「地方裁量型」の4種がある。

ることであり、いわば、「地域の人的な財産をつくる仕事」といっても過言ではありません。

現代の子どもが育つ社会と保護者の背景

　近年子どもを取り巻く社会の環境や構造が変化し、格差社会、少子高齢化、核家族化、育児不安、貧困化など、新たな社会問題が生じています。保育現場は、まさに対応する最前線であり、保護者の育児不安や養育が適切ではない家庭の子ども、軽度の虐待、アレルギー疾患や障がいのある子ども、外国籍の子どもなど、さまざまな状況の子どもへの配慮も求められています。子どもに起こる問題の多くは、その家庭に起因することが多く、保護者や家庭、地域も含めて理解し、援助する必要があります。したがって、在園児の家庭にかぎらない地域の子育て家庭への支援など、園がはたす福祉的な役割はますます大きくなっています。

　また、保育所にかかわらず、認定こども園や幼稚園においても、保育時間は長時間に及ぶようになっています。なかには、夜間保育や休日保育、病児保育、地域への子育て支援など、幅広い事業をおこなっている園もあります。

子どもに認められる、保護者に認められる

　保育の仕事の対象者は、第一義的には子どもです。保育者は、子どもを認め、子どもに認められ信頼されて、はじめて保育者となり得るのです。まさに「子どもは心もちに生きている。その心もちを汲んでくれる人、その心もちに触れてくれる人だけが、子どもにとって、有り難い人、うれしい人である」のです。（倉橋惣三『育ての心（上）』フレーベル館、2008）

　保護者もまた、ともに子どもを見守るパートナーです。保護者は、ときに子育てや自らの生き方などに悩みながら子育てに懸命に取り組んでいます。保護者から認められ信頼を得るためにも、まず目の前の子どものことを考え、懸命に保育をおこなうとともに、保護者の思いにも気づき寄り添うことが求められます。

2．専門職として求められること

「専門職＝プロフェッショナル」としての条件

　保育者として必要な条件は、「職員一人ひとりの倫理観」「人間性」「職務及び責任の理解と自覚」であると、保育所保育指針（第5章）で示されています。保育の仕事は、多岐にわたるため、自身の周囲のすべての分野に関心を寄せ、人とかかわることを通しておこなう仕事であるといえます。
　そのためには、専門職としての知識と経験、実践における判断力が必要となります。知識の蓄積は、保育や関連する分野における新たな視点を学ぶことであり、経験の蓄積は日々の保育の省察・振り返りとまとめということになるでしょう。その両者が身についてこそ、的確な判断ができるのです。

〈チェックポイント〉
□専門性を高めるために、日々保育の専門的な情報や学びを深めている
□人間性を磨くために、文化的・自然的に豊かな経験をしている
□知識と技術に裏づけられた判断ができる
□自身の体験や子どもから「学ぶ」ために、常に省察する姿勢をもつようにしている
□実践を通して、自らの強みと弱みに気づこうとしている

保育は「CAPD サイクル」？

　日々の実践や子どもの状況から計画を立て、実践し、計画と異なる状況であれば柔軟に変えていき、保育の終了後に省察や自己評価をおこない、改善し次の計画を作成することは、求められる基本的なスキルです。こうした過程（プロセス）〔状況の把握➡計画・Plan➡実践・Do➡評価・Check➡改善の過程・Action（PDCAサイクル）〕をくり返すことによって、「実践知」を得て保育者として成長するのです。
　保育の現場では常に「計画」が先にあるのではなく、「まず状況を見る」「やりながら考える」要素も多く、「CAPD」の順序になるのです。

保護者や子どもの要求にすべて応えた時の満足度は？

　子どもにとって最良の環境の下で最良の援助や教育を受けて過ごすことが、その満足度を向上させます。子ども及び保護者の「満足度」を上げることは保育の仕事の質の向上にもつながります。

　利用者の満足度は、「実際に感じた価値」―「事前期待値」であり、期待したことがおこなわれるだけでは、満足度は上がりません。したがって、要望を実行するだけでなく、本当に子どもの成長のために必要なことや相手の「潜在的なニーズ」（そういえば、本当はこういうのを求めていたのかもしれない）という感情をいかに満たすかがポイントとなります。

■期待値と満足度の関係

実際に感じた価値 － 事前期待値 ＝ 満足度

●要望にすべて応えても、満足度は上がらない

$$100 - 100 = 0$$

●要望をうのみにせず、その人にとって本当に大切なことを提案する

$$200 - 100 = 100$$

苦情や意見は前向きにとらえる

　保護者からの意見や苦情には、ごまかしたりせず、真摯に対応する必要があります（園には、「苦情解決責任者」、「苦情解決担当者」がおり、外部に第三者委員を設置しています）。

　保育者にとってはもちろん苦しいことですが、一方で、直接苦情を訴えることもパワーを必要とします。意見や苦情は、オープンにし、「サイレント・クレーマー」をつくらないよう常に「言いやすい関係」をつくるように心がけましょう。

3．保育者としての条件

非言語的コミュニケーション＞言語的コミュニケーション

　そもそも、情報・感情・認知・観念などを伝え合い、わかり合う過程であるコミュニケーションは、保育者の業務のなかでも大きな意味をもっています。特に、子どもや保護者、同僚とのコミュニケーションは欠かすことのできない要素であり、これらがうまくいかない場合は、何らかの支障をきたすこととなります。

　大人のコミュニケーションでは一見、言葉のやりとりが中心（言語的コミュニケーション）にみえますが、そもそもノンバーバル（非言語的）コミュニケーションが75％であるともいわれます。自らの立ち居ふるまい・言葉・動き・表情・服装・髪型・身振りなどは、常に何らかの言葉以外のメッセージを他者に向けて伝えているのです。

保育者の言動は素直に子どもに影響してしまう！

　子どもは、周囲にいる大人の言動を意識しないまま模倣していきます。保育者がていねいに物を扱うクラスの子どもは、ていねいに物を扱うようになりますし、肯定的な言葉を使うクラスは肯定的になります。反対に、否定的な表現が多いクラスの子どもは、否定的な表現が多くなる場合があります。

保育者として気をつけたい表現
　言：不適切な言葉（大声や否定、禁止の言葉）
　動：雑に物を扱う／物をまたぐ・投げる・足でどかす／廊下を走る　ほか

不適切な表現（保育特有の幼児に対して気をつけたい言葉）
（青木久子氏による分類：上記の山内氏の分類に❷〜❽を加えた）
　❶ 保育特有の幼児に対して気をつけたい言葉：対象の擬人化（おくつ、いたいいたいだよ）／子どものモノ化・動物化（特急電車で行こう）／他動作

への置き換え（おへそを向けて）／子どもの特別呼称・敬称（お掃除チャンピオン）／対象の別名称（魔法の水ぱっぱ）／動作・状態の擬態化（ガラガラする）／幼児語の動詞化（ポンポンする、ワンワンになる）／事物のていねい化（お集まり、お帰り）／動作・状態の擬態化（せーの、いちに）

❷ 禁止・否定する言葉の乱用：「なぜダメか」「どうしたらよいか」が重要

❸ ３人称で自身を語る：「先生も入れて」

❹ 「～さん」で総称する：「ももぐみさん」「うさぎさん」「ハサミさん」

❺ 「～こ」で総称する：車が１こ、ウサギが１こ、いすが１こ

❻ 主語を曖昧にして行為の主体をぼかす：子どもが転んで「ごめんごめん、痛かった？」、片づけのとき「お願い手伝って」

❼ 指示・命令言葉：○○しなさい、きがえなさい、トイレに行って

❽ 「お」のつく言葉：お＋名詞「お机、おトイレ」、お＋動詞「お片づけ、お集まり」

※保育中の声や動きを動画で観るとよくわかります

保育者は、"反省的実践家"

　保育者は、保育が終わった後、自分の保育を振り返って頭のなかで保育をし直す「追体験」をおこないます。すると、そのときには見えなかったり、小さな意味に気づかなかったりすることにも気づきます。それを「省察」といいます。

　また、アメリカの哲学者 D. ショーンは、教育者を「反省的実践家」であると言いました。反省的実践（reflective practice）とは、教育的行為や援助の最中にも、教育者の意識はその行為をモニタリングする＝反省的洞察を常におこない、行為そのものの効果を支えているということです。この反省的洞察を「行為のなかの反省」といい、その行為者を「反省的実践家」といいます。

　保育所保育指針では、計画や記録、実践を通して常に自己評価をすることが必要とされています（第５章）。自分の実践を振り返り、省察することが大切です。

4．保育者としての視点倫理

保育実践や子どもの"観方"に根拠をもとう

　保育実践の根拠（エビデンス）は、ミニマム・スタンダード（最低基準）としては、保育所保育指針や幼稚園教育要領、幼保連携型認定こども園教育・保育要領であるといえます。

　さらに、最新の保育学の研究成果を参照し、組織や自身の保育に関する知見を常に新たにしておく必要があります。実践研究を積み、機会があれば発表をおこなうなど、保育の本質を検証し、保育学の研究に寄与することも求められます。その際、園の理念や基本方針、保育目標、園内での研究目標やテーマなども根拠となります。

倫理綱領を参照し、配慮しよう

　その職業を遂行するにあたって、守るべき最低限の倫理があります。それが、子どもや大人を養護し、援助をおこなう仕事であれば、相応の倫理規定があるものです。全国保育士会では、次頁のような倫理綱領を定めています。

コンプライアンスを徹底しよう

　コンプライアンス（法令遵守）とは、「法律や条例を遵守する」という意味ですが、法令だけに留まらず、園の内規やマニュアル、倫理、社会貢献、ルールの設定とその環境の整備までを含みます。

　園内での保育は、保護者には見えず、ときに「ブラックボックス化」してしまうことがあります。法令や児童福祉の精神に則っていることを示し、実践し、利用者（保護者や子ども）の信頼を得ることを心がけましょう。

全国保育士会倫理綱領

　すべての子どもは、豊かな愛情のなかで心身ともに健やかに育てられ、自ら伸びていく無限の可能性を持っています。

　私たちは、子どもが現在（いま）を幸せに生活し、未来（あす）を生きる力を育てる保育の仕事に誇りと責任をもって、自らの人間性と専門性の向上に努め、一人ひとりの子どもを心から尊重し、次のことを行います。

　私たちは、子どもの育ちを支えます。

　私たちは、保護者の子育てを支えます。

　私たちは、子どもと子育てにやさしい社会をつくります。

[子どもの最善の利益の尊重]

　1．私たちは、一人ひとりの子どもの最善の利益を第一に考え、保育を通してその福祉を積極的に増進するよう努めます。

[子どもの発達保障]

　2．私たちは、養護と教育が一体となった保育を通して、一人ひとりの子どもが心身ともに健康、安全で情緒の安定した生活ができる環境を用意し、生きる喜びと力を育むことを基本として、その健やかな育ちを支えます。

[保護者との協力]

　3．私たちは、子どもと保護者のおかれた状況や意向を受けとめ、保護者とより良い協力関係を築きながら、子どもの育ちや子育てを支えます。

[プライバシーの保護]

　4．私たちは、一人ひとりのプライバシーを保護するため、保育を通して知り得た個人の情報や秘密を守ります。

[チームワークと自己評価]

　5．私たちは、職場におけるチームワークや、関係する他の専門機関との連携を大切にします。

　また、自らの行う保育について、常に子どもの視点に立って自己評価を行い、保育の質の向上を図ります。

[利用者の代弁]

　6．私たちは、日々の保育や子育て支援の活動を通して子どものニーズを受けとめ、子どもの立場に立ってそれを代弁します。

　また、子育てをしているすべての保護者のニーズを受けとめ、それを代弁していくことも重要な役割と考え、行動します。

[地域の子育て支援]

　7．私たちは、地域の人々や関係機関とともに子育てを支援し、そのネットワークにより、地域で子どもを育てる環境づくりに努めます。

[専門職としての責務]

　8．私たちは、研修や自己研鑽を通して、常に自らの人間性と専門性の向上に努め、専門職としての責務を果たします。

社会福祉法人 全国社会福祉協議会
全国保育協議会
全国保育士会

5．個人情報保護と先入観

プライバシーの保護と個人情報保護は違う

　プライバシーには、「個人や家庭内の私事・私生活。個人の秘密。また、それが他人から干渉・侵害を受けない権利」（小学館「大辞泉」より）という意味があるほか、最近では、「自己の情報をコントロールできる権利」という意味も加えられます。

　一方、個人情報とは、個人の氏名や生年月日、住所など、個人を特定する情報のことを指し、顔写真なども個人情報に入ります。園としても保育者個人としても、子どもや保護者などの個人の秘密やプライバシーを守り、個人情報の保護に努めなくてはいけません。

プライバシーへの未配慮の主な例
- 排泄するときに他者に見られる
- おもらしをしたことを知られたくないのに、みんなの前で着替えさせられる
- 本人の許可なく写真を撮られる
- 家庭の事情を他者に言われる
- いろいろな個人情報が一覧になり、保護者が目にするようになっている

個人情報の流出の主な例
- 許可なくおたよりや SNS に載せる
- 個人情報がパソコンからインターネット上に流失する
- 写真のデータが流失する
- クラスの子どもとの写真で年賀状を作る

保育者がもつ何気ない先入観に注意！

　保育者は、対象児童や家庭に対するあらゆる先入観や偏った価値観による差別等の禁止も徹底しなければなりません。自身の育った環境や現在の状況、身についた価値観などにより、先入観をもってしまうことがよくあることを自覚する必要があります。

特に、障がい・ひとり親家庭（母子／父子家庭）・外国籍の家庭・貧困であったり裕福であったりする・出自・保護者の職業・宗教・思想・家族の関係・考え方・性別・その他、あらゆる先入観による差別の禁止が必要となります。

例）先入観の例

×障がいがあると幸福ではない
×経済的に裕福だと幸福である

➡ 人の幸福は障がいの有無や経済的な尺度では測れない

×「あら、まさきくん、
　　男の子なのにお母さん役？」
×「男の子でしょ！　泣かないのよ」

➡ 性差による固定的な役割や先入観による言動は慎む

子どもへの不適切な対応・暴力・暴言は絶対にしてはいけない

体罰や暴力など、子どもへの不適切な対応は絶対に慎まなければなりません。理由があったとしても、不適切な制限（立たせたり、食べさせなかったり、活動に入れなかったり）や不適切な言葉（大きな声での叱責、どなる、人格を否定するような表現、親が○○だからなど）、差別などをしてはいけません。

ストレスをためずに、「バーンアウト」を予防する

保育という仕事は、さまざまなコミュニケーションや能力が必要とされ、かけがえのない仕事である反面、成果がわかりにくく、ストレスがたまる仕事であるといえます。若い保育者は、技術的にも人間的にも未成熟な部分が多く、ストレスをためる傾向があります。また、人間関係や職場風土になじめずに早期に退職をする場合も少なからずあるでしょう。バーンアウト（燃え尽き症候群）にならないよう、ストレスを逃し発散することも大切です。

クラス運営の基本

1. 保育と教育の言葉を正しく使う

(1) 保育とは、「保護(養護)＋教育」の一体

　保育とは、「保護(養護)＋教育」であり、外からの保護と内からの発達を助けることを一体と考えるのが幼児期の特徴であると、1879(明治12)年の文部省布達のなかで用いられて以降、幼児教育には「保育」という言葉があてられてきました。したがって、保育という語のなかには、すでに教育の意が込められています。

　この「教育」という言葉には、保育のなかでどのような意味をもつのでしょう。教育とは、「教育を受ける者の発展を助長する」行為で、究極には、「自分で自立し、自由を獲得し、己を知る」ことであるとされています。

(2) 教育の段階は3つ

　教育のプロセスは次の3つです。❶興味をもつ(動機・関心・意欲)➡❷自己活動へ取り入れる(挑戦・練習・体験)➡❸自分のもの・性格の一部となる(獲得・経験・自立)

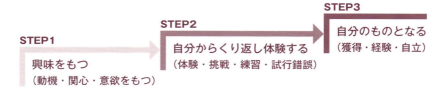

　教育とは、いっせいかつ特別に何かを教えること(習いごとのようなもの)ではなく、子どもが生涯自己教育する力を自ら獲得するためによりよい環境を用意し、子どもの主体性を支えることです。

そのため、遊びを通して主体的に得られるような意図的でよりよい環境構成と保育者の適切な援助が基本となります。

（3）子どもの生活を豊かに

他者とともに過ごす園の「生活」では、子どもが自ら気づき、自分のことは自分でやってみようとすることが大切です。例えば、年長児は、大人から指示されなくとも自ら考え動けるようになり（スケジュールを把握するなど）、片づけや掃除などにも進んで参加するようになります。また、他者の気持ちに気づき、自分自身にほこりがもてるようにもなります。「養護」として、大人から守られていた面も自身や生活のなかで性質や特性に気づき、他者の様子を見てやろうとします。よって生活体験のなかにも学びがあり、教育的な営みがあるのです。

かつて、児童心理学者の倉橋惣三は「生活を生活で生活へ」（『幼稚園真諦』フレーベル館、2008 より）と述べました。「子どもが真にそのさながらで生きて動いているところの生活をそのままにしておいて、それへ幼稚園を順応させていく」と述べ、生活体験を重視しました。また、「生活体験が豊富な子どもほど、道徳観・正義感が充実している」という調査結果もあります（平成 10 年文部省）。

保育のなかで生活を考えるうえで、❶衣食住の自立・自律、❷労作教育（自発的・能動的な労作や作業を中心に子どもの成長を目指す教育）、❸生活経験と遊びの往還（リンク）がポイントとなります。

❶長時間の生活の再考：長時間過ごす子どもに必要な環境（日中の活動と連動させる過ごし方・午睡・夕方〜夜の過ごし方・夜にしかできない体験／「ひねる」など失われる動き

❷人の役に立つ経験：年長児が作る机と椅子／畑の作業／掃除など

❸ごっこ遊びを通した生活の再現：生活経験をごっこ遊びに応用・再現できるような工夫

2．保育理念・目標を実践につなぐ

保育理念

　保育理念とは、その園の事業方針や運営の核心であり、園がどのような方向性をもっているかが一目できるものです。そのため、全体的な計画にも、指導計画にも、実践にも、すべてに保育理念が通じている必要があります。

　法人や園の理念は、ただあるだけでなく、きちんと園の使命や役割を反映している必要があります。そして、さまざまな文書（事業計画などの法人・保育所内で作成される文書や広報誌、パンフレット類）に記載され、職員や保護者、関係機関や地域住民などに配布・説明されていなければなりません。

基本方針・保育目標

　通常、保育理念の下に、より具体的に示した、基本方針や保育目標が立てられています。社会的な役割や教育、児童福祉の精神等を盛り込んでいる場合もあります。

　アメリカの経営学者ドラッカーは、「ミッション（＝使命）」とは「行動本位」とし「ミッションが定まれば取るべき行動は明らかである」としています。（『非営利組織の経営―原理と実践』ダイヤモンド社、1991）。

　そして、保育理念や基本方針、保育目標は、園が社会的な機関である証ともいえます。保育の提供者、受け手、地域や関係機関が共通理解し、実践の道しるべとなる重要な柱です。

3. 保育のなかで配慮する
　　子どもの人権と最善の利益の尊重

①児童福祉法

> 第1条　全て児童は、児童の権利に関する条約の精神にのっとり、適切に療育されること、その生活を保障されること、愛され、保護されること、その心身の健やかな成長及び発達並びにその自立が図られることその他の福祉を等しく保障される権利を有する。

②児童憲章

> 児童は、人として尊ばれる。
> 児童は、社会の一員として重んぜられる。
> 児童は、よい環境のなかで育てられる。

③児童の権利に関する条約

> 第3条1　児童に関するすべての措置をとるに当たっては、公的若しくは私的な社会福祉施設、裁判所、行政当局又は立法機関のいずれによって行われるものであっても、児童の最善の利益が主として考慮されるものとする。

子どもの人権に配慮しているかチェックしよう

☐ 一人ひとりの子どもを尊重した保育について基本姿勢が明示され、園で共通理解をするための取り組みがある。または、外部の子どもの人権や権利擁護に関する研修等に参加している

☐ 子どもの人権や様々な国・文化の違いなどについて、園の方針を保護者等に示し、理解できるような取り組みがある

☐ 子どもの人権について先入観による固定的な対応がないように、計画、保育の場面の手順などに位置づけている一人ひとりの生活習慣や文化、考え方などの違いを知り、それを尊重する心を育てるよう配慮している

☐ 子どもが、ほかの子どもの気持ちや発言を受け入れられるよう配慮している

☐ 子どもの態度、服装や色、遊び方、役割、育児、家事、介護、仕事などについて、性差への先入観による固定的な対応（「男の子だから強く」など）をしないように配慮している

☐ 文書などは、子どもを主体とした表現になっている

4．クラスを運営する責任

クラス運営の基本

　クラスを運営（担当）することは、園の保育理念のもとでクラスの目標を設定し、目標に向かって子どものよりよい育ちを保障することです。そのためには、子どもや保護者への「直接的な実践」に加えて、環境構成や教材研究、指導計画の立案、実践、記録、評価などといった「間接的な実践」を両輪でおこなう必要があります。

　特に、複数でのクラス運営の場合、円滑に進めるために会議で情報を共有したり、意見を交わしたりして互いの理解を深める話し合いの機会が大切になります。会議や研修では、一方的な情報伝達とならないようにし、だれもが活発に発言し、つくりあげていけるような会議にしたいものです。また、ケース会議（保育カンファレンス）のように、特定の子どもに焦点を当て、援助などについて話し合う機会も重視されています。

　クラスのなかだけで完結するのではなく、ほかのクラスや園全体で考え、「みんなで園の子どもを保育する」視点をもちましょう。

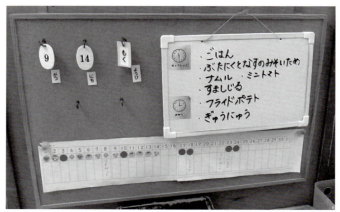

特別に教えなくても、子どもの目の高さにさりげなく文字を散りばめることで、次第に文字や数に興味をもつようになる

5．保育指針や教育要領はどう変わるのか

保育の仕事は AI（人工知能）では代替できない

　日本の現在の職業の多く（約 49％）を、近い将来（10~20 年後）AI（人工知能）が代替するといわれています。AI を使いこなす人材の育成には、コミュニケーション力や非認知能力が必要となっています。

　保育や教育の仕事は対人援助職であり、AI には代替できない仕事であるともいえます。ジェームズ・ヘックマンは、非認知能力は机に向かって 1 人で獲得できるような類のものではなく、家庭や学校のなかで、人とのかかわりから「教わって」身につけるものということから、「taught by somebody」（だれかに教わるもの）と定義しています。

非認知能力の表

自己認識	自己肯定感、自分に対する自信、やり抜く力
意欲	やる気や意欲がある
忍耐力	忍耐強い、根気がある、粘り強い
メタ認知	意志力が強い、自制心がある、精神力が強い
社会的通性	社会性がある、リーダーシップがある
回復力と対処能力	回復する、対処・対応する力がある
創造性	創造的、工夫できる
性格的特性	誠実、好奇心が強い、協調性がある

非認知能力の例

□子ども、家庭の把握
□クラスのスケジュール、計画（年、月、週、日）、デイリープログラム
□環境構成（人・物・自然・情報）表示
□子どもの具体的な過ごし方
□家庭との連携
□子どもの評価
□自身の実践の評価
□会議、研修、研究

新しい保育所保育指針、幼稚園教育要領、認定こども園教育・保育要領

　新たな教育要領や保育指針では「全体的な計画の作成」「育みたい資質・能力」「幼児期の終わりまでに育ってほしい姿」などが共通化されました。なかでも、「育みたい資質・能力」や「幼児期の終わりまでに育ってほしい姿」などは、「非認知能力」の涵養を目指し、自ら考えられる子どもの育成を目指しています。そのため、小学校以降の教育との連続性を重視し、共通の目的や用語で「理解し合う」意味があります。

　保育指針は、上記に加えて養護の位置づけや3歳未満児の保育（0歳児の領域に代わる視点を含む）などの改定がなされ、低年齢児の保育や、多様な家庭を含む子育て支援、研修などが重視されています。

幼稚園教育要領	幼保連携型認定こども園教育・保育要領	保育所保育指針
●前文の追加（教育基本法・教育課程等） 第1章　総則	第1章　総則	第1章　総則 ●養護に関する基本的事項
育みたい資質・能力／幼児期の終わりまでに育ってほしい姿（共通）			
全体的な計画の作成（共通）			
評価			
教育課程／カリキュラム・マネジメント 特別な配慮（障害・海外から帰国）		＊障害児の保育に関しての項目がなくなったが、全体的に網羅される
	●養護に関する記載 第2章　ねらい及び内容並びに配慮事項	第2章　保育の内容
第2章　ねらい及び内容	乳児保育に関わるねらい及び内容	
	1歳以上3歳未満児の保育に関わるねらい及び内容	
第3章　教育課程に係る教育時間の終了後等に行う教育活動などの留意事項	第3章　健康及び安全 第4章　子育ての支援	第3章　健康及び安全 ●食育　●災害　他 第4章　子育て支援 第5章　職員の資質向上 ●研修の充実　他

幼児期の終わりまでに育ってほしい姿

　新しい保育指針や教育要領では、「育てたい資質・能力」と「幼児期の終わりまでに育ってほしい姿」が示されました。子どもが育った、身につけたい「資質・能力」を可視化（見える化）することが求められており、そのより具体的な姿を「10の姿」で表そうとしています。

　しかしこれらは、到達目標（達成目標）ではありません。そういった姿を目指し、全体的な計画や教育課程を編成・作成し、環境を通して教育することが求められています。これらを意識しながら、「環境を通した教育（保育）」「遊びを通しての総合的な指導」をおこなう必要があります。

1）育みたい資質・能力

1. 豊かな体験を通じて、感じたり、気づいたり、わかったり、できるようになったりする **「知識及び技能の基礎」**
2. 気づいたことや、できるようになったことなどを使い、考えたり、試したり、工夫したり、表現したりする
 「思考力、判断力、表現力等の基礎」
3. 心情、意欲、態度が育つ中で、よりよい生活を営もうとする
 「学びに向かう力、人間性等」

2）幼児期の終わりまでに育ってほしい姿

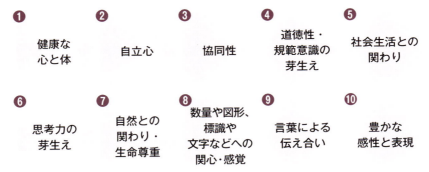

第2章

クラス運営に役立つ基本スキル14

日常の保育においてよくある事例をとりあげ、その事例に対する考察とともに、保育者として身につけたい基本的なスキルについて解説します。

| 基本スキル1 | 子どもの観方（子どもの観察） |

あるある事例 1-1

　レナ先生は、園庭に接するデッキの上で4歳のひかるちゃんと過ごしていました。すると、窓越しに室内を掃除している保育者の姿を見たひかるちゃんが「掃除していてかわいそう……」と言いました。

　レナ先生は不思議に思い、ひかるちゃんに「掃除しているの、かわいそうだと思う？」と聞いてみました。すると「かわいそうだよ」と答えました。「本当にそうか、聞いてきてみたら？」と言うと、ひかるちゃんは室内の保育者に聞いていました。「かわいそうだった？」と聞くと、「ううん。かわいそうじゃないって。楽しいって」と答えました。

　保育が終わり帰宅する途中、「この子はなぜ『掃除＝かわいそう』と思ったのだろう。掃除をしている姿がさびしそうに見えたのだろうか、それとも掃除は大変というイメージをもっているだろうか」と、このことが心に残り頭から離れなくなりました。

第2章 クラス運営に役立つ基本スキル14

子どもの観方（子どもの観察）

ポイント 子どもの何気ない言動・行為のなかに、その意味を見つける

- 保育のなかで、子どもの何気ない言動にハッとさせられる場面がよくあります。こちらが考えもしなかったようなことには、そのように考えていたのかと驚きます。反対に、こちらが望んでいない行動ばかりしているように感じ、ついつい注意が多くなってしまうこともあります。

- 子どもの行為の意味を考えたり知ったりすることは、子どもの内面の理解を深め、適切な援助につながることがあります。まずは、いろいろな角度から子どもをよく見て、「なぜそうなのだろう」と考えましょう。

ポイント よく観察することが理解につながる

- 保育者が子どもの様子をどのように「観察」するかによって、環境構成や援助、活動も変わってきます。子どもとかかわりながら観察することは、大切な援助の方法のひとつといえます。

チェックポイント

- ☐ 具体的に何が、どうして、どうなったのかをとらえる
- ☐ 遊びや生活の様子を見る
- ☐ 内面（気持ち）の動きを知ろうとする
- ☐ これまでの経緯や育ち、成育歴を振り返る
- ☐ 表情や何気ない動きをとらえる
- ☐ ほかの子どもや大人との関係を把握する
- ☐ 家庭の状況や保護者の状況を知る
- ☐ 保育者自身の観方の特徴や価値観から、なぜ気になったのかを考える

あるある事例 1-2

　園内研修では、午前中の保育の様子をビデオで撮影し、午後みんなでその映像を観て、振り返りをすることになっています。その日は4歳児クラスの研修の日でした。サヨコ先生は、自分のクラスの様子を客観的に見たことがなかったので、不安と期待の入り混じった気持ちで臨みました。

　室内をいくつかのコーナーに区切り、そこで遊ぶ子どもの様子と自身のかかわり方を主に振り返りました。すると、ずっと奥のほうで絵本を寝転びながら見続けているあいちゃん、友だちと一切かかわらず自分の前で絵を描いているこうくん、コーナーを転々とのぞき見ながらふらふらしているまりちゃんの存在に気づきました。普段から保育者のところにベッタリしている子どもたちですが、あらためて見てみると、自分から遊べていないことに気づきました。

　ほかの先生からも、どういう状況か、どうしたら友だちと遊ぶようになるかなどと質問や意見が出て、とても参考になりました。

　はじめは他者からどう見られるかが気になり、撮影した映像を観るのはとにかくいやだったのですが、前向きな意見をもらったり、一緒に考えてもらったりすることができました。

クラス運営に役立つ基本スキル14　第2章

ポイント
みんなで保育の様子を観察して、ともに考える

- 研修などの機会にみんなで保育の様子を振り返ることは、とても有意義な経験となります。慣れないうちは、「何を言われるのか」「ダメ出しされると心が折れる」などと考えて不安になってしまうかもしれません。しかし、自分自身の姿や他者の実践を客観視したり、ともに考えたりすることで、そのときに見えなかったことがわかり、自分の実践を補うことができます。
- 事例のサヨコ先生も、振り返りを通して、これまで気づいていなかったところに気づき、みんなに意見をもらうことで、明日からの保育の計画に活かせるような経験をしました。
- ほかのクラスに入り、相互に保育の様子を見て研修に活かすことや、保育を公開して他者から見られることも、「観察」の手段となります。

子どもの観方（子どもの観察）

ポイント
「観察」の環境をつくる

- 子どもと保護者の状況を総合的に評価していくことをアセスメントと言います（事前評価とも言います）。その子どもの状況を総合的に観察し、評価し、どのような援助やかかわりが必要かを検討・実施する手がかりとしましょう。
- 保育を客観的に観察する環境づくり
  - 相互に見学する機会：ビデオや写真など、映像で実践を撮影するツール
  - エピソード記述、アセスメントシートなど、かかわりや状況の記録
  - 検討する機会：園内研修、ケース会議、公開保育、研究会など
- 観察の方法
  参与的観察：目の前の子どもとかかわりながら、子どもや周囲の状況を観る
  観察的観察：子どもと一定の距離感をとって観る

基本スキル 2　個と集団の保育

あるある事例

　マミ先生は、3歳児クラスを担当することになりました。ところが6月になっても子どもたちはなかなか落ち着きをみせてくれません。

　あるとき、室内で遊んでいると、こうた君がたいち君とけんかになり、たいち君の持っていた玩具がこうた君の唇に当たり、けがをしてしまいました。

　マミ先生は、子どもたちが安全に遊べるようになるべく仕切りを設けないようにしたり、余計な玩具を置かないようにしたり、保育者が部屋全体を見渡せるようにしたりするなど、子どもの安全面や衛生面に配慮した室内環境を考えていました。

　しかし、園内研修のときに、講師から「もっと、子どもが進んで遊ぶ場所や遊びを選べるようにしたらどうだろう？」と指導を受け、これまでの考え方がいかに"自分の管理のしやすさ"のみを追求してきたかに気づかされました。

　これからどうしていこう？　マミ先生は、自分の視点を変えることがまず必要だと感じました。

クラス運営に役立つ基本スキル14　第2章

個と集団の保育

ポイント

0・1・2歳児の場合

安心できる環境と職員間、保護者との連携を

- 子どもの年齢が低いほど、「大人との関係」が重要になってきます。身近な大人である保育者は、養護の視点をもちながら、子どもにとって「絶対的に安心できる存在」とならなくてはなりません。また、保育者のかかわりが子どもの育ちの土台となることを心に留めて、子どもが安心できる安全で衛生的な環境づくりや、保育者の立ち居ふるまいや言葉の使い方、見守り方、かかわり方などに気を配ることが必要です。

- 複数担任の場合、職員間の連携・チームワークが必要です。また、保育者同士はもちろん、看護師や調理担当者との連携も必要です。

- 保護者とのかかわりでは、毎日の連絡、送迎時の言葉のかけ方、相談など、「ともに育ちを見守る」「子育てを支える」姿勢が必要です。保護者の約8割は育児経験が少ない（自身の育児ではじめて子どもと接する）ことをふまえた配慮を心がけます。

ポイント

0・1・2歳児は「みんな一緒」の行動は難しい？

- 一斉活動が難しいため、一人ひとりに配慮するとともに、なるべく少人数（同じくらいの月齢や興味をもつ子ども同士など）で活動します。

- 3歳未満の子どもは、保育者とのかかわりが深く、少人数の子ども同士で接したりしますが、さまざまな人（子どもや大人）や、さまざまな玩具や自然物などとかかわり、探索活動を誘発し自己選択ができるように見守ることが大切です。

3・4・5歳児の場合

集団での育ち合いと個別のかかわりを大切に

- 幼児期の保育（教育）では、子どもが生活や遊びを通して何を学び、何が育っているかという視点をもち、「環境を通した教育（保育）」「遊びを通しての総合的指導」が保育をおこなううえでの基本となります。

- 大人との愛着関係をもとにだんだんと友だちに関心が向いていき、年長になれば仲間同士で協同的に自ら遊びをつくるようになります。友だちづくりの過程で葛藤や試行錯誤を経験しますが、その後、育ち合う仲間集団となるのです。

- ともに遊ぶ仲間関係ができてくると、集団的効果（グループダイナミックス）が生まれます。これをいかにつくっていくかが重要なテーマとなります。

- 年長児として自信をもち、年下の子どもに自然な姿を見せたり、教えたりする場面を増やしていくことは、子どもの自尊感情を高めていきます。また、年長だけしか経験できない（あるいは熟達した者しかできない）コーナーや活動を、無理のないよう配慮したうえで、設定したりおこなったりすることもよいでしょう。

- どの子どもも、ときとして大人を必要とします。個別のかかわりが必要となることもあります。

- 子どもの家庭環境や育ちの状況により、大人を必要としたり、子ども同士で解決できなかったりすることもあります。そうした場合は、一人ひとりに応じた養護的なケアが必要となります。

- 学年の活動（クラス）と、異年齢の活動（クラス）では、当然ながら保育の目的や内容、子どもへの配慮が異なります。

- 「同年齢ならではの遊びや活動」「異年齢のかかわりによる効果（模倣や見本、面倒をみるなど）」「異年齢が何気なくともに過ごす・居る環境をつくる」などの効果とそれを意識した配慮が必要になります。

クラス運営に役立つ基本スキル 14　第2章

個と集団の保育

チェックポイント

- □ その日のクラスの全員の子どもの様子がわかりますか
- □ 子どもが自分で選んだり、決めたりすることができるように配慮していますか
- □ 子どもの遊びや生活の様子を俯瞰（ふかん）して見る機会がありますか
- □ 子どもとのかかわりや子どもへの言葉かけを意図的にしていますか
- □ 子どもとのかかわりや子どもへの言葉かけを振り返る機会がありますか
- □ 子ども一人ひとりの状況を把握するために、アセスメントや評価をおこなっていますか

ここに注目！ エピソード

　ある日のこと、3歳児クラスの男の子が遊んでいる最中、園庭の水道のところで2歳児クラスの女の子が鼻水を出していることに気づき、自分のティッシュを出しふいてやり、そのティッシュを部屋のごみ箱に捨てに行きました。

　この男の子はきっと、「鼻水が出ている＝困っている」から「何かできないか」⇒「ふいてやろう」と考えたのだと思います。

　3歳児で、他者の気持ちに気づき、それを解消しようとし、後始末までしました。こうした姿を日常の遊びや生活のなかでいかにとらえ、理解するかが「個の理解」につながります。

左の男の子が、右の女の子の鼻をふいてあげている

基本スキル3 保育の環境づくり

あるある事例

　タマミ先生は、3歳児クラスの担任となりました。保育室をかわいらしくキャラクターで飾り立て、子どもたちの誕生日も壁面に飾りました。また、なるべく広く使えるように保育室を整え、新年度を迎えました。

　始まってみると、新入園の子どもが数名いたこともあって落ち着きがなく、走ったりする子もいて、「走らないよ」「テーブルに上らないよ」などと注意することが多くなりました。

　はじめは子どもの落ち着かない様子を自分の力量のせいだと思っていましたが、先日の研修で子どもの行動は環境に左右されること、環境の構成によって子どもの行動が変わることを学びました。

　あらためてクラスの環境を見直してみると、保育室が子どもにとって生活しやすい場、遊びこめる場になっていない気がしました。

環境を通した教育(保育)

- 環境とは、「人」「物」「自然」「情報」などのことです。環境構成とは、子どもに必要な経験が得られるように、保育者が意図的に環境をつくることです。そしてその環境に対して子どもが主体的にかかわることを「環境を通した教育(保育)」といいます。

- 保育者は、子どもが何を期待し、何を体験し、どのように育つかを考え、環境(人、物、自然、情報)を意図的に構成することが必要です。場当たり的な環境の構成では、「意図がない保育」となります。

- 保育者は、子どもの環境へのかかわり方をふまえ、子どもが安定的にかつ夢中になって遊びに没頭するような環境をつくります。そして遊びがさらに広がるように、必要なものを提案したり、困っている場面で介入したりします。

環境が人に行為の機会を与える

- スイッチやボタンは「押す」、ひもは「引っぱる」、ドアノブは「握る」「回す」行為を引き出します。砂場付近にシャベルを用意すれば、山づくりや穴掘りの行為を引き出しますし、いすやテーブル、カップ、フライパン、ふるいなどを用意すれば、ごっこ遊びを引き出します。マットの上にブロックを用意すれば「マットの上でのブロック遊び」をしますし、そこに電車や町の写真を飾ると、それと同じものを作ろうとします。

- 平面的で広い園庭や長い廊下、何もない広い部屋などは「走る」行為を引き出します。園庭に竹馬やのぼり棒、ポックリ、ヤットコなどを用意すれば、体を動かす行為を引き出すことになるでしょう。

- アメリカの知覚心理学者ギブソンは、環境のこのような性質を**アフォーダンス**と定義し、「そもそも人間の行動は、そこにある環境と相互に依存し、環境がそのなかで生きる人に行為の機会を与える」と述べました。

0・1・2歳児の場合

生活の場では安心を、遊びでは多様な体験を

- 0・1・2歳児の生活の場では、安全で衛生的で、安心して過ごせるような環境的配慮が必要となります。室内を区切るなどして、一人ひとりがゆったりと過ごせるようにします。活動や生活上の行動では、いっせいではなく小集団で動くようにすることも配慮ですし、子どもがわかりやすい大きな表示などを出したりしまったりして変化をつけることも環境的な配慮です。

- 遊びの場面では、五感（味・触・視・聴・嗅覚）を通して直接触れて体験ができる環境、手先を使う体験や思い思いに表現できる環境、探索活動を誘発する環境、模倣したり年長児と行動をともにしたりする体験ができる環境、自然や生き物に触れることのできる環境、何度もくり返しやってみることのできる環境、身体的な活動（山あり谷ありなど）ができる環境などが求められます。

3・4・5歳児の場合

周囲の役に立つ経験や遊びが広がる環境を

- 生活の場では、必要なことを自分自身でできるような環境、掃除や片づけの場所や用具を工夫するなど、自己選択・自己決定ができる機会、小さな子どもの世話やかかわりができる環境、世話ができる小動物がいる環境、スケジュールを確認できる環境、労作や人の役に立つ活動ができる環境、小集団で話し合うことができる環境、調理などの体験ができる環境が求められます。

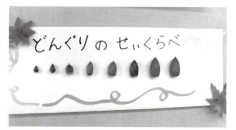

季節の素材を工夫する

- 遊びの場面では、五感を通した遊びができる環境、年長児や熟達者がインセンティブ（優先権）をもつ環境、年下の子どもに教えたり見せたりできる環境、虫や植物、自然物などについてとことん調べられる環境、身体を使った段階性のある遊びができる玩具や遊具があるほか、絵本や物語の世界に親しむことのできる環境など、さまざまな環境を用意することによって遊びの広がりが期待されます。

ポイント 異年齢でのかかわりなど

- 生活の場面では、異年齢の子どもがかかわる場面を意図的に取り入れます（食事、睡眠など）。遊びでは、自発的な遊びを異年齢でおこない、子どもたちの遊びの様子を観察しましょう。地域ならではの自然環境（海・山・里・自然・農業・栽培・道・光・空気など）を、どう保育に生かすかも大切です。

散歩で積んだ花を飾る

季節の素材を工夫

木材を利用して基地作り

ウッドデッキを活用してレストラン遊び

| 基本スキル 4 | 子どもの遊びを広げる |

あるある事例 4-1

　4歳児クラスを担当することになったサチ先生は、「子どもの遊びを広げる」ことをクラスの目標に掲げました。
　あるとき、サチ先生はふと「子どもの遊びを広げるって簡単に言うけれど、うちのクラスの子どもの遊びは、広がっているのかしら？　そもそも遊びを広げるって何なのだろう？」と考えました。

　サチ先生は、園長先生に相談しました。園長先生は「たしかにそうだね。『子どもの遊びを広げたい』って、みんなそう思うけれど、どういう姿が広がっているといえるのかを知っている人は多くないかもしれないね」と言い、「まず、だれがどのくらい遊べているかをじっくり見てみたらどうかな？」と提案しました。

第2章 クラス運営に役立つ基本スキル14

子どもの遊びを広げる

あるある事例 4-2

　サチ先生は次の日から、だれがどこでどのくらい遊んでいるのか、じっくり見てみることにしました。すると、数人で仲間関係をつくって遊んでいる子どもたちがいる一方で、遊びが定まらず、いくつかの遊びのゾーンを行ったり来たりしている子どももいました。そして、昼食の時間になり、真っ先に部屋に入ってきたのは数人で、十分に遊んでいた子どもたちでした。

　サチ先生は、このことを園長先生に伝えました。園長先生は「そうなんだね。遊べていた子どもたちは、これからどうしようか？」と、サチ先生に聞きました。サチ先生は「砂場のまわりでごっこ遊びをしていた子たちには、すてきなレストランが開店できるようにみんなで話がしたいと思います。虫を捕まえていたグループには、図鑑を見たり飼育したりできるようにして、"虫研究所"をつくれるようにしたいです」と答えました。

0・1・2歳児の場合

ポイント

十分な遊びの時間と選択肢を

　0・1・2歳児は、まだ遊びを自分たちで広げることができません。しかし、幼児になったときに遊びを広げることができるように、この時期に十分に探索活動をおこない、遊びを選択することが求められます。

チェックポイント

□遊びをいくつか選択することができるか
□十分に探索活動ができるか
□自然物やさまざまな素材などに触れることができるか
□年上の子どもの遊ぶ場面を見る機会があるか

3・4・5歳児の場合

ポイント

協働的な遊び(学び)への発展

　3歳から4歳児前半は、平行遊びから友だち関係ができ始め、しだいに遊びの集団がつくられます。4歳後半から5歳児になると仲間関係ができ、一緒に何かを作ったり、集団遊びをおこなったり協同的な遊びへ発展します。遊びが広がる（発展する）状態では、数日間継続したり、夢中になっておこなったり、参加する輪が大きくなったりします。

チェックポイント

□安心して、かつ夢中になって遊べているか
□年齢が上がるにつれ、遊びの集団の人数が増えているか
□自分たちで考え、遊びを発展させているか

ポイント 特別な配慮が必要な場合

　4・5歳児では、集団で遊ぶ子どもが増える一方で、なかには遊びがみつからない子どもや、継続して遊ぶことができない子どももいます。多くの子どもが遊びに夢中になっているときにも、ふらふらとしているように見える子どももいます。そのような場合は、無理に集団に入れるのではなく、まずその子の興味・関心ごとを知ることから始めましょう。興味のある遊びがまわりにあることや友だちが遊んでいることに気づくと、自ら遊びをみつけられるかもしれません。

園庭に"虫研究所"を開設する

　子どもが虫に興味を持ち、捕まえたり観察したりできるコーナーをつくろう。

- 虫を入れるカップや袋
- 虫を調べるための本
- 園庭のマップに発見した虫を記入する「虫マップ」
- 異年齢：年上の姿を見ながら年下の子どもも興味をもち、模倣する
- 5歳児が集まって作った「虫研究所」に3歳児や1歳児も参加している

| 基本スキル 5 | # 保育における「養護」 |

あるある事例

　当園は、今年度から幼保連携型認定こども園になりました。カリキュラム検討会議の際、以前、幼稚園に勤務していたアユミ先生と保育園に勤務していたサクラ先生が「養護」について話をしていると、その言葉のとらえ方の違いに気がつきました。

アユミ 「『養護』は、保育者の援助の視点ですよね。どう計画に入れるか難しいなあ」

サクラ 「私は、前の指針の改定のときから『生命の保持』と『情緒の安定』が明確になったので、違和感ないですよ」

アユミ 「前の園では、その2つの視点は配慮事項として入れていました。でも、特に0・1・2歳児は保育者の援助が大きいので、必要ですよね」

サクラ 「幼児でもときに必要よ。家庭の状況やその子の状況によって、援助は異なっているからね。そういう配慮や「養護と教育の一体性」として"見える化"する意味でも必要な視点よね」

養護の位置づけ

- 平成29年改正の保育所保育指針では、「乳児・3歳未満児保育の記載の充実」が図られ、特に「養護」の位置づけが変わりました。新たな保育指針では、「第1章（総則）2養護に関する基本的事項」に「養護の理念」「養護に関わるねらい及び内容」として、認定こども園教育・保育要領でも「第1章（総則）」全般、特に「第3　幼保連携型認定こども園として特に配慮すべき事項」の5に示されています。

- 「養護」には「生命の保持」「情緒の安定」という2つの側面があり、それらを図るために保育者などがおこなう援助やかかわりのことです。保育全体を通して、「養護と教育を一体的におこなう」ことを大切にします。

養護にかかわるねらい

生命の保持

- 子ども一人ひとりが、①快適に生活でき、②健康で安全に過ごし、③生理的欲求が十分に満たされるようにし、④健康増進が図られるような援助をすることがねらいとなります。
    - ➡特に0・1・2歳児は、生活リズム（排泄、食事、眠りなど）が個別的で、それが十分満たされているかが大切です。遊びや生活が上記のねらいに即しているか、常に振り返りましょう。

情緒の安定

- 子ども一人ひとりが、①安定感をもって過ごせるようにし、②気持ちを安心して表現することができるようにし、③主体的に育ち自分を肯定する気持ちが育まれるようにし、④くつろいでともに過ごし、疲れが癒されるように援助することがねらいとなります。

➡️子どもの自己肯定感を育み、心理的な安定感を図ることが大切です。０・１・２歳児だけでなく、３・４・５歳児でも同様の配慮を心がけましょう。

ポイント 保育所保育指針「生命の保持」の内容

❶一人一人の子どもの平常の健康状態や発育及び発達状態を的確に把握し、異常を感じる場合は、速やかに適切に対応する。

❷家庭との連携を密にし、嘱託医等との連携を図りながら、子どもの疾病や事故防止に関する認識を深め、保健的で安全な保育環境の維持及び向上に努める。

❸清潔で安全な環境を整え、適切な援助や応答的な関わりを通して子どもの生理的欲求を満たしていく。また、家庭と協力しながら、子どもの発達過程等に応じた適切な生活のリズムがつくられていくようにする。

❹子どもの発達過程等に応じて、適度な運動と休息を取ることができるようにする。また、食事、排泄、衣類の着脱、身の回りを清潔にすることなどについて、子どもが意欲的に生活できるよう適切に援助する。

※子どもは、園生活において成長すると、自分のことを自分でやってみようとします。年長児にもなれば、大人に指示されなくとも自分で考え自分で動けるようになります。「養護」として大人から守られていた側面も、次第に自分自身やほかの子どもに気づきながらおこなうようになるのです。

ポイント 保育所保育指針「情緒の安定」の内容

❶ 一人一人の子どもの置かれている状態や発達過程などを的確に把握し、子どもの欲求を適切に満たしながら、応答的な触れ合いや言葉がけを行う。

❷ 一人一人の子どもの気持ちを受容し、共感しながら、子どもとの継続的な信頼関係を築いていく。

❸ 保育士等との信頼関係を基盤に、一人一人の子どもが主体的に活動し、自発性や探索意欲などを高めるとともに、自分への自信をもつことができるよう成長の過程を見守り、適切に働きかける。

❹ 一人一人の子どもの生活のリズム、発達過程、保育時間などに応じて、活動内容のバランスや調和を図りながら、適切な食事や休息が取れるようにする。

※現代はさまざまな家庭があり、多様な状況下で育つ子どもがいます。3歳以上児でも「養護」に関する援助を必要とする子どもも多くなっています。

ちょこっとコラム

幼稚園教育要領には「養護」がない!?

幼稚園教育要領には「養護」の言葉は存在しません。幼稚園では、明治12年の文部省布達のなかで「保育」という語が用いられて以降、幼児教育には保育があてられてきました。したがって、幼稚園にも「養護と教育」の視点があるのです。

しかし、幼稚園では絶対的な養護を必要とする乳児ではなく、幼児が生活すること、教育要領の「幼児の自発的な活動としての遊びを通しての総合的な指導を行う際に広く活用される」（前文より）という観点から、領域「健康」のなかの「内容の取扱い」や「第1章（総則）第1 幼稚園教育の基本」「第3 教育課程の役割と編成等」などに養護の視点が散見されます。

「少しゆったりすごしたい」。ゆったりできる場所も重要です

| 基本スキル 6 | 「遊びと学び」違うの？一緒なの？ |

あるある事例 6-1

　ある日、子どもたちが園庭で不思議な形の足跡を見つけました。
「どうぶつの足かなあ？」
　すると「きょうりゅうの足かなあ」という子の言葉で、その場にいた子たちは「きょうりゅうだよ、きっと」「きょうりゅうだ」と言い始めました。その後、恐竜図鑑で調べて「ティラノサウルスじゃない？」「アロサウルスだよ」と続きました。みんな恐竜博士のようです。そのうち「だれかが踏まないように守っておこう」と言い出した子がいて、みんなで足跡の周囲に棒を立てて、柵を作りました。
　それから、いろいろな動物の足跡を探したり、自分たちで作ったりして、足跡の研究に広がりました。

50

ポイント
教育の基本は、適切な環境に子どもが主体的にかかわること

　第1章で述べたように、幼児期の教育は、「主体的な遊び」を通じておこなわれます。保育者が適切な環境を用意し、その環境に子どもが主体的にかかわっていくことこそ、幼児期の教育の基本となります。教育の3つの段階にいろいろなケースを当てはめて考えていくと、「教育＝教室での学習」というイメージは変化していくのではないでしょうか。

> 「遊びと学び」違うの？ 一緒なの？

興味をもつ
（動機・関心・意欲をもつ）
→ 自分からくり返し体験する
（体験・挑戦・練習・試行錯誤）
→ 自分のものとなる
（獲得・経験・自立）

ちょこっとコラム
流しソーメン遊び

　3歳児クラスの数名の子どもが、雨どいを使って築山に何か作っていました。何をしているのかしばらく見ていると、「流しソーメンをしているんだ」という声が聞こえてきました。

　子どもはそれまでの生活体験を再現し、イメージを共有しながら遊びます。

①流す台を組み立てて水を流し、芝をソーメンに見立てます

②いろいろな年齢の子どもが混じり、流しソーメン大会となりました

あるある事例 6-2

　ある朝、園のビオトープに大きな魚の死骸が浮いていました。アキ先生がふと「魚、死んじゃったね」とつぶやくと、近くにいた4歳のそうた君が、「まだわからないよ。目が開いている」と言って、どこからか霧吹きを持ってきて噴きかけ始めました。

　しばらく見ていると、さらに中身を補充しながら30分ほど、その浮いている魚にスプレーをかけ続けていました。彼の懸命な姿をじっと見ていたアキ先生は、彼に聞こえるように「魚は目がずっと開いているから、生きているか死んでいるかわからないね」と独り言のようにつぶやきました。すると今度は、確信をもったような表情をして「いや、死んでいるよ」と言いました。

ポイント
試行錯誤をくり返して学ぶ

- 普段植物の水やりに使っているスプレーですが、保育者から、「これをかけると植物が元気になる命のスプレー」と説明されていました。
- 「浮いている魚」→まだ生きているかもしれない→元気になるスプレーをかける→まだ動かない→もう少しかける→でもやっぱり動かない＝「死んでいる」という過程を、彼の知っているあらゆる知識や経験を総動員して確信を得ていました。

クラス運営に役立つ基本スキル14　第2章

求められる環境構成

- 保育（教育）をよりよくするためのポイント

❶教育とは、一方的に早期から教え込むことではなく、子どもが自ら気づけるようにすること。

❷遊びや生活で、①意図的に環境（人・物・自然・情報）を整え、②何がどのように育っているのか観察する。

❸学びや育ちを可視化し、過程や成果を明らかにする。

❹０・１・２歳児から子どもが主体的に自己選択と自己決定をする（特に幼児は自分のことを自分でできるようにする）。

❺子ども同士で「模倣学習」や「遊びの伝承」が進むような配慮をする。異年齢の自然な場面での交流を通して、年長児が自己発揮し自己肯定感をもてるようにする。

「遊びと学び」違うの？一緒なの？

ドキュメンテーション

　５歳児クラスの子どもたちが毎日おこなった「ぞうきんがけ」。「ぞうきんを作りたい」という声から、みんなでぞうきんを縫うことになりました。縫っただけでは足りず、３歳児クラスにプレゼントをすることになりました。驚かせたいと思って隠しながら持っていき、「どうぞ」。そんなやりとりをドキュメンテーションとして可視化しました。（54～55ページ掲載）

53

ここに注目！ エピソード

ぞうきんがけ伝授!!

　山武市立しらはたこども園の伝統、ぞうきんがけ。そろそろ3歳児クラスも取り組みを始めると聞いた1月初旬のことです。ぞうきんがけはまず、ぞうきんを絞ることが第一関門となります。そこで、「初めて用に絞りやすいぞうきんを作ってあげたらどうかな〜？」と、保育者から年長児に提案してみました。すると、厚手のぞうきんは絞りづらいことを知っていた、めろん組・すいか組の子どもたちは、「そうだよね！　いいね！」と、快く提案を受け入れてくれました。そうして、初めてのぞうきん作りが始まりました。

薄手のふきんを刺繍針を使って縫いました。ほとんどの子が初めて取り組んだ縫いもの。一針一針、緊張しながら縫っています。一枚縫い上げるには、かなり集中力が必要でしたが、途中でやめる子はおらず、最後まで根気強く取り組んでいました。

プレゼント当日

「渡すときに言おうよ！」と、子どもたち同士で相談して決めていた言葉です。

みんなでぞうきんを作りました。使ってください。ぞうきんがけがんばってね！

じゃーん!!

「じゃーん！」と言って、ぞうきんを見せたときの表情は、うれしそうな、誇らしげな、なんともよい表情でした！
　3歳児クラスの子どもたちからも自然と拍手が！　みんなが、「ぞうきん作りをがんばってよかった」と、感じられた瞬間その①だと思います！

第2章 クラス運営に役立つ基本スキル 14

「遊びと学び」違うの？ 一緒なの？

そして、プレゼント後は、ぞうきんがけの一連の流れを伝授!!

そうそう！
こうやってぎゅーって
するんだよ！

こうやって
手を床について、
進むんだよ～

広げて
干すんだよ～

終わったら
ぞうきんをすすいで
ここに干すんだよ

作ったぞうきんを3歳児が使っている姿を見たときが、「ぞうきん作りをがんばってよかった」と感じられた瞬間その②だと思います！

　今回の"ぞうきんがけ伝授"の取り組みは、だれかのために何かをし、役に立つことの喜びを味わうことができた貴重な取り組みとなりました。小さい子のためにがんばり、喜んでもらえたとき、とても誇らしげな表情だった子どもたち。役に立てた喜びと、「自分はできる！」という自信をもつことができた様子がうかがえました。
　そして、ぞうきんがけに関するあれこれを教えるみんなの姿を見て、その教え方から子どもたちの成長を感じました。どうやったら相手がわかりやすいか、一生懸命考えて子どもたちなりに示していることが、3歳児のぞうきんがけに並走して"エアぞうきんがけ"をしていた姿から感じられました。代わりにやってあげるのではなく、手本を示して、自分でやってみる姿を見守り、アドバイスする。保育者がおこなうような援助を、子どもたちが自然とおこなっていることに気づき、本当に驚きました。
　子どもたちのなかに、『人とかかわる力』が育っていることを感じられた姿でした。

| 基本スキル 7 |

スムーズな活動移行

あるある事例

ユカ先生は、1歳児クラスの担任をしています。1歳児は月齢による発達の差が大きく、高月齢の子どもと低月齢の子どもでは、動きや遊び、生活習慣のすべてが異なっています。そのため、低月齢の子どもに無理をさせてしまっていることもあると、ユカ先生は悩んでいました。

特に、遊びを終えて部屋に戻った食事までの時間や、何かをする前の子どもが待っている間にけんかになったりすることが気になっていました。先輩の保育者に相談したのですが、「そもそも月齢の差、個人差がある状況でいっせいに行動するのが難しいんじゃない」と言われました。でも、実際にどう対応すればいいのか、わかりません。

「小さなグループといっても何人くらいがいいのだろう?」「保育士の配置はどうしたらいいのだろう?」「どうしたらスムーズにいくのだろう?」と悩みは尽きません。

第2章 クラス運営に役立つ基本スキル14

スムーズな活動移行

生活のすべてが発達につながる

- 0・1・2歳児は、「生命の保持」「情緒の安定」といった養護の視点が欠かせません。大人の愛情深いかかわりや見守りがとても大切です。大人との愛着・信頼関係をもとに、ほかの子どもに関心が向くのです。
- 0・1・2歳児は、園と家庭の24時間の生活をどのようにおこなっていくかという視点が必要です。
- たとえば、「蛇口をひねる」「階段を上り下りする」「飛びはねる」「指先を使う」「歩いて散歩に行く」など、その生活すべてが発達につながっていきます。

個人差・月齢差に配慮し、こだわりへの理解を

- 0・1・2歳児は、特に発達の個人差や月齢差が大きいので、その部分への配慮が必要となります。たとえば、多人数をいっせいに動かしたり、行動を急かしたりといったことは、適切ではないでしょう。
- 玩具など、「自分のもの」という意識が芽生えますが、まだ貸し借りなどは上手にできません。複数の玩具を用意したり、大人が仲立ちしたりするなどの配慮が必要です。

環境構成の工夫

- 活動を細切れにせず、ゆるやかにする。
- 子どもの興味・関心に応じて、活動を継続できるようにする。
- 自分で予測がつくように、活動の流れを絵カードで図示する。
- 一斉に動こうとするスムーズにいかないので、大まかにいくつかのグループに分けて考える。

ここに注目！エピソード

シーン①

遊びが終わらず、1人だけおやつを食べる気持ちにならない

シーン②

保育者はせかさず「最後まで自分でしたい」という気持ちを受け止め、見守る

第2章 クラス運営に役立つ基本スキル14

スムーズな活動移行

シーン③

できた！

人形をきちんと
ベッドにしまう
と……

シーン④

よくできたね。
みんな待っていたよ

- 0・1・2歳児では特に、なかなか遊びが終わらずに、次の活動に移ることが難しい場合があります。みんなはおやつを食べているのにまだ遊び足りない子どもがいる。どうしよう？　と悩む保育者も多いはず。
  → この女の子は、2歳児。まだ遊んでいるのかと思ったら、どうしても人形を自分でしまいたいのです。「待っているね」と声をかけて、保育者はおやつを食べるところにいます。そのうちに、ちゃんとしまえて満足したのか、自分から人形をしまっておやつを食べに来たのでした。「待つ」って大事。

59

| 基本スキル 8 | # 集団遊びの留意点 |

あるある事例

　4歳児の担任のカナ先生は、先日の職員会議で「もっと鬼ごっこや大縄飛びなどの集団遊びをしたらどうか」という話が出たことを受けて、自分のクラスでどのように子どものなかに集団遊びを広げていくのかを考えました。ちょうど仲間意識も芽生えてきたので、そろそろ鬼ごっこを外で思いきりやりたいなあと考え、遊びの本や雑誌を見ていたところでした。

　そんなとき、給食にバナナが出たので、子どもたちにバナナを見せながら、「『バナナ鬼』というのがあるんだけど、知ってる？」と投げかけました。子どもたちは「知ってる！」「どんなの？」と興味をもったようでした。カナ先生は「じゃあ、食べてからやってみようか」と提案しました。

　ルールを説明して、逃げてバナナになる人と追いかける鬼に分かれて遊びを始めました。でも、バナナになった子はバナナのままで、助けが来るまでじっとしていることができずに動いてしまいます。そのうち、全員「鬼がいい」と言い出しました。

　カナ先生は、どうしたらうまくいくのだろうと悩んでしまいました。

いきなり集団遊びは難しい

- 子どもが集団で遊ぶことは、幼児期の集大成であるといっても過言ではありません。子どもたちだけで発案し仲間を集め、ルールを決め、夢中になって遊ぶためには高度な能力が必要となるからです。
- 身体的な能力だけではなく、人間関係やコミュニケーション力、必要な言葉や伝え方、遊びの環境など、さまざまな要素があります。
- 最終的に「自分たちで仲間とともに集団遊びができる」ようになるのは、5歳児が相当で、3歳や4歳児はそれに向かってどのようなステップを経験するかということが重要になります。

スモールステップをつけよう

例1）鬼遊び

❶追いかける楽しさ、逃げる楽しさを知る

　2、3歳児は、まだ集団でルールのある遊びをすることが難しいので、まずは追いかけることを楽しんだり、追われて逃げることを楽しんだりする遊びをくり返す（追いかけっこ、かくれんぼ、かわり鬼「ネコとネズミ」など）。

❷簡単なルールのある鬼遊びを経験する

　3、4歳になると、自分の体を自由に使って逃げたり追いかけたりできるので、逃げる範囲を限定したり、逃げる者同士が助け合ったりする簡単なルールを設定する（高鬼、氷鬼、バナナ鬼など）。

❸より複雑なルールの鬼遊びをおこなう

　4、5歳になると、簡単な鬼遊びを自分たちでおこなったり、より複雑なルールのある鬼遊びを大人とともに体験することで、競う楽しさを味わうことができる（ケイドロ、スポーツ鬼ごっこなど）。

※チーム対抗や勝つための作戦会議を取り入れても盛り上がる。

例２）ドッジボール

❶ボールに親しむ

いろいろなボールを持ったり、投げたり、転がるボールをよけたりすることで、身体感覚を身につけ、動いているものの性質を知ります。

❷簡単なルールのあるボール遊びをする

「転がしドッジボール」など、よけて遊ぶ楽しさを知ります。慣れてきたら、ボールを増やしても盛り上がります。

❸ドッジボールをする

はじめは大人と一緒に遊びながら集団で遊ぶ楽しさを知り、ルールを覚えます。「中当て」など単純なルールの遊びから始め、だんだん複雑なルールにしていきます。最終的には、チーム対抗のドッジボールとなります。

※ちなみにドッジボールは「避球」と表記していた時代もあり、投げて「当てる」だけではなく、「避ける」楽しさもあります。

第2章 クラス運営に役立つ基本スキル14

集団遊びの留意点

集団遊びで育つもの

- 集団遊びをすることで、何がどのように育つのでしょう？　遊びのなかで、人間関係を結んだり、ときにけんかをし悔しさなどの葛藤を経験したり、集団遊びならではの言葉や表現を知ったり、健康的な身体が育まれたりとさまざまな面が育つことがわかります。

- 特に鬼遊びなどは、子どもの身体能力や身体感受性が育まれるといわれています。しかしそれは、ただ普通に遊んでいるように見えて、かなり高度なやりとりや駆け引きをする能力が備わってこそです。したがって、子どもたちだけで集団遊びが成立できるように、段階を踏んで発展させていく必要があります。

年長児と一緒におこなう

- 子ども同士でモデルになったり、観察して模倣したりすることは多いので、集団遊びはルールをわかっている年長児とともにおこなうことで、より遊びの楽しさが伝わります。子どものなかでの「遊びの伝承」をうまく活用することが重要です。

5歳児に混ざってごっこ遊びを楽しむ2歳児

ルールがころころ変わったら？

- まだ慣れない段階では、やっていくうちにルールが自分たちに都合のよいものになったり（「バリア」「安全地帯」「休み中」など）、鬼をやりたい子どもばかりになったりします。しかし、たとえそうであっても、一度やってみて「それではやっぱり楽しくないのでは？」と考える機会にしてもいいかもしれません。

わらべうた「かごめかごめ」をうたいながら集団で遊ぶ

| 基本スキル 9 | # 子どもの表現活動 |

あるある事例

　4歳児クラスの担任のサトミ先生は、発表会を2か月後に控え、頭を抱えていました。「劇？　歌？　何をどうやればいいのだろう？」。はじめてのことだったので、途方に暮れていました。

　サトミ先生が主任に相談すると、こんな答えが返ってきました。「普段の保育をベースに考えればいいじゃない。子どもたちはどんな表現活動が好きなのかな？　子どもの話すこと、遊ぶ姿、表情なんでもヒントになるわよ」。

　サトミ先生は、「日常の保育が表れるような表現活動」と言われてもピンとこない様子です。「うーん、わからない！」ふと鏡に映る自分の姿を見てハッとしました。猫背で困ったような表情をしていたのです。これも「表現」っていうのかな……。

　「そうか、子どもも楽しみなことの前には体を動かして表現するものね。普段の子どもの遊びのなかから見つけて、それを広げていくことにしよう。4月の絵と、今取り組んでいる実際に触りながら描いている絵を比べて掲示してみるのもいいかも。真剣な表情で描いている姿も写真があったわ。」サトミ先生は何か気づいたようです。

ポイント 遊びや生活のなかで感じたことを自分なりに表現する

- 感じたことや考えたことを自分なりに表現することを通して、豊かな感性や表現する力を養い、創造性を豊かにすることができます。美しさなどに対する豊かな感性をもつ、感じたことや考えたことを自分なりに表す、生活のなかでイメージを膨らませる、さまざまな表現活動を楽しみます。

- 表現活動とは、子どもの内面を外に見えるものとして表す行為のことです。「音楽」「造形」「劇」などに限定された活動ではありません。保育における表現活動はもっと広いものです。遊びや生活のなかで子どもが感じたり考えたりしたことを自分なりに表現する体験を積み重ねることで、感性が豊かになり表現する力がつきます。

- 子どもがふと口ずさむ歌、何かを見て子どもらしい独特なつぶやきをするのも表現です。たとえば「お餅つき」と言いながら、粘土を粘土板にバンバンと打ちつける行為をくり返すことも1つの表現です。

- 造形・絵画の技術やダンスの技術を身につけたり、セリフをしっかり覚えて役になりきって上手に演じたりすることも表現のひとつではありますが、それだけが表現活動ではありません。むしろ、大人がやるとおりの型を再現するようなものは、本来の表現活動とはいえません。

ポイント 体験によって、子どもの表現活動が豊かになる

- 子どもは、美しいものや不思議なもの、心に残るものに出会い、五感を通して直接体験することが必要です。これは、子どもはもちろん、保育者や保護者にも必要なことかもしれません。

- 子ども自身の発想で、自由に描いたり、作ったり、自分から身体を動かしたりす

る体験も必要です。0〜5歳まで、発達に応じてどのような表現活動をおこなっていくのか、継続的にとらえていくことが必要です。

遊びのなかに子どもの表現活動を見つける

- 「ごっこ遊び」のなかで、「ふり」や「つもり」になって「演じる」楽しさを味わうことから表現活動は始まります。表現活動が豊かになるように、ごっこ遊びを自由にできるような環境を保育室内や園庭に構成することが必要です。
- 好きなように踊ったり、演奏したり、描いたりできるコーナーをつくって、それぞれの遊びが広がるように援助することが表現活動につながっていきます。その際、保育者が表現活動を意識して、遊びの様子をとらえることも大切です。

日ごろの保育のなかの表現活動の積み重ねを集めて伝えよう

- 日ごろの子どもの作品、遊びのなかで残したものや遊びの様子の写真など、さまざまなものを残しておきましょう。
- 同じ作品を展示することも大切ですが、一人ひとりの表現活動を時期ごとに比べてみると、その子どもの成長が可視化され、子どもにも保育者にも保護者にもより伝わりやすいです。
- 日常の表現活動の意図や過程、遊びの内容、表現しているものの意味、発達の様子など、保護者に伝えましょう。
- わらべうたや手遊び歌など、日常のなかで体を動かしながら口ずさんだり、みんなで共鳴したりすることも大切な表現活動です。

ポイント 表現活動をおこなう際の留意点

音楽・歌
- 「大きな声」でうたうのではなく、心地よくうたう。
- 見た目の華やかさや出来栄えに固執しないで、子どもが主体的に参加できるようにする。

身体表現
- バレエ、舞踊、ダンス、リトミックなどは「型」から入ってしまうことも多いが、はじめのうちは遊びのなかで自由に楽しんでできるような工夫が必要。

劇
- はじめから「見せる」「見られる」ことを前提としない。
- 技術的に難しい動きやセリフなど、完成度を求めない。
- 大人から一方的に提案するのではなく、子どものアイデアや気づきを取り入れていく。

ダンスコーナーの4つの役割

音楽をかける　踊る

衣装を選ぶ

見る

- ダンスコーナーに役割を増やすと、いろいろな子が参加できるようになる。

基本スキル10 子どもの制作活動

あるある事例

ユリナ先生は、ある日、子どもたちの描いた絵を飾りながら「何だか、みんな似た絵になっている」と感じました。

先日受けた研修で、子どもの絵はそれぞれ違っていいこと、直接体験したことはそのまま表現しやすいこと、描いた「作品」は、きちんと両手で受け取ることなどの話が印象に残っていました。「よし、変えてみよう！」、ユリナ先生のチャレンジが始まりました。

まず、子どもの制作コーナーをつくり、いろいろな紙やクレヨン、ペン、色鉛筆などを用意し、いつでも好きなときに好きなだけ絵を描けるようにしました。遠足で捕まえたザリガニの飼育ケースも近くに置いてみました。すると、いろいろなザリガニを描く子どもがいました。描いた絵を、飼育ケースの近くに貼ったりもしました。

ある日、100円ショップで買った額にその絵を入れて飼育ケースの横に置きました。子どもたちの喜ぶ顔がとても印象的でした。そして、「ザリガニに触って描いてみたら？」と勧めました。「え？　いいの？」。何人かの子どもたちがザリガニを触りながら、わいわいと描き出しました。

ポイント 子どもが自ら選択できる環境づくり

- ほかの表現活動と同様に、発達にふさわしいもので、子どもが生活や遊びのなかで興味や関心をもち、自分なりに試行錯誤できるような環境を工夫する。
- いろいろな素材に触れて制作できるようにする。
- 作ったり描いたりできるように、さまざまな素材を用意する。
- 自分なりに自由に書いたり、描いたり、作ったりでき、それを飾ったり、遊びに使ったりする。

制作

立体物の制作、平面の制作
- いろいろな素材の用意（さまざまな紙、紐、廃材、そのほかあらゆる物）。
- 切る、貼る、作ることが主体的にできる環境の工夫。

粘土を用いた制作

小麦粉粘土、油粘土、土粘土、紙粘土など、いろいろな素材を用いた、立体の造形物をゼロから形作る創造的な活動。
- 作って壊して遊べ、踏みつけたり、叩きつけたり、重みを感じたり、匂いをかいだりできるような環境を工夫する。
- 紙粘土は形を作ったら、ニスで加工して完成形を残すこともできる。
- 小麦粉粘土は口にしても害が少なく、食紅を使うと色がつく。長くもたないので、すぐに捨てたり、塩を入れて冷暗所で短期間保存したりする。トースターで焼くと形が残せる。

第2章 クラス運営に役立つ基本スキル14

子どもの制作活動

描画

- 描くときに、ペン、クレヨン、色鉛筆、チョーク、色水、スプレー、ブラシ、割りばし、手指などさまざまなものを用いる。
- 薄い用紙、厚い用紙、色付きの画用紙、石、自然物、身体などさまざまなものに描いてみる。

廃材制作

廃材を入れるスペース

- 廃材制作をいつでもできるコーナーをつくる。
- 制作に使えるいろいろな素材を園で準備したり、子どもが自分で家庭から持ってこられるようにする。家庭から持ってきた物を収納する工夫が必要。
- 完成したものを飾る場所を設ける。

玩具作り

作る → 遊ぶ　自動販売機

- 遊べる物を作る（剣、ボール、紙飛行機など）。
- 作った物を遊びのなかに取り入れる。作った食品や衣装をごっこ遊びの素材にするなど。

０・１・２歳児の造形活動

- ０・１・２歳児は、造形活動に必要なイメージをもてるようにする。
- 造形活動に必要な機能や技術の獲得を目指す。
  - ぐるぐる線を描く
  - 紐を通したり、引っ張ったりする

- ノリでつけたり、テープやシールを貼ったりする
- 指先を使う（やぶく、ちぎる、切る）
- ハサミと出会う

幼児の造形活動

- 本物を見て、直接触れたりしながら活動をする（造形・描画）。
- 自分で作ってみる。
- 自分たちで試行錯誤して協同制作をしてみる。

自分なりに描く

▶環境構成のヒント

- 制作に使用する文具をカートに入れていつでも取り出せるようにしよう。
- 可動式の2～3段のカートに、描く道具、切る道具、貼る道具、ホチキスや穴あけパンチなどを整理できるようにしよう。

| 基本スキル 11 | 子どもの身体的活動 |

あるある事例

コウタ先生の勤務する園は園庭が狭く、決まった時間にしか外で遊べないようになっています。コウタ先生は4歳児の担任として、もっと運動遊びや集団遊びをしていきたいと常々思っていました。また、室内では、子ども同士言い争うことも多く、朝から元気がない子どももいました。園庭に出ると、固定遊具での遊びが中心になっていて、自分たちで遊びを考えることもまれでした。

運動会を控えたこの時期、普段の運動遊びの経験と運動会でのかけっこや身体表現がつながっていないような気もしました。

コウタ先生は思いきって主任に相談し、身体活動の充実のための「園庭の遊び方・使い方の見直し」「外で遊び込める環境づくり」について検討したいと職員会議で提案してみました。しかし、みんなの答えはいずれも「難しいかも」というものでした。すると、5歳児クラス担任のアイ先生が「たしかにうちの年長はダイナミックさがないのよね」と理解を示してくれました。すかさず主任が、コウタ先生、アイ先生に子どもの現状の調査と会議で具体的な案を出してほしいと言い、そこから外遊びを考えるプロジェクトが始まりました。

クラス運営に役立つ基本スキル 14　第2章

ポイント　子ども自らが進んで身体を動かす体験を

子どもの育ちのなかで、「三間（さんま）」（仲間・空間・時間）がなくなったといわれて久しくなっています。近年、それに加えて自然体験の減少や体力格差が問題となってきており、幼児期に多くの自然体験や身体的な活動をおこなうことが求められています。

保育では、遊びのなかで、子ども自らが進んで身体を動かすような行動を誘発するアプローチが求められます。園庭で身体を使って遊んだり、自然物で遊んだりする時間、空間を確保するとともに、異年齢の仲間をつくるようなしかけが必要となっています。

時間
- 夢中になって外でとことん遊びこめる時間の保障

空間
- 身体を使って遊べる空間の保障
- 自然物で遊べる空間の保障
- アップダウンのある地形

仲間
- 同年齢での遊びの機会の保障
- 異年齢での遊びの機会の保障

遊び
- 遊具だけではない外での遊びの工夫
- 子どもが自ら考え、広げるような遊びの工夫

子どもの身体的活動

73

> 0・1・2歳児の場合

さまざまな動きや自然などにかかわる体験を

　立って歩く、走る、跳ぶなど、さまざまな動きが出てくるので、室内外でいろいろな体の動かし方を経験する必要があります。

　また、探索活動を活発にすることで、興味のあるものを自分で見つけ、外界の物的・自然環境にかかわる体験を多くもつとよいでしょう。

　遊びのなかで、年上の子どもの動きを見たり、模倣する行動も活発になってくるので、年上の子どもと遊びの空間をともにする工夫も必要です。

> 3・4・5歳児の場合

技術的な遊び、集団遊びを経験

　夢中になって外で遊び込むことで、遊びを継続的におこなったり、遊びを発展させたり、自然物を使って工夫して遊んだりするようになります。また、身体的な動きも巧みになっていくため、試行錯誤をくり返しながら、徐々に技術的な遊びや集団遊びなどもおこなうようになります。

　とくに、5歳児の動きは園のすべての子どもに影響を与えるため、彼らがどんな遊びを展開するかによって、園の遊びの充実度を量ることができます。協同して遊んだり、集団遊びをおこなったり、関心のあるものを調べたり、年下の子どもができないような遊びを展開し、それを伝えていくことも重要な要素です。

ポイント 環境構成

屋外

- 園庭で、さまざまな体験ができるような環境の工夫
    - 園庭に固定遊具以外のコーナーを設定する
      例）色水遊び　石けん遊び　自然物での制作
      　　ボール遊び　なわとび　竹馬・ポックリ
- 砂場のアレンジ
    - **湿らせる**：乾いたところと湿らせるところをつくることによって、砂の使い方が変わる
    - **シャベルだけでなく、さまざまな素材を置く**：置くものを変えると、遊びが変わる

屋内

- 異年齢でともに遊び、観察や模倣ができる環境の工夫
    - 異年齢が同時（同じ空間・同じ時間）に遊べるような配慮をしよう

基本スキル 12

子どもの生活を豊かにする

あるある事例

　3歳児クラスのユキ先生は、日ごろ、子どもたちが遊んだものをなかなか片づけようとしないことに悩んでいました。子どもたちは「保育者から言われないと何もしない」「言われるとやるが、すぐにやらなくなってふらふらしている」といった状況でした。家庭でもほとんど保護者がおこなっているため、片づけの経験も少ないようでした。

　あるとき、5歳児のクラスで、子どもが進んでぞうきんがけをしていました。「進んで掃除をするなんて、さすが5歳児ですね」と担任のチエ先生に伝えると、「ここまでくるのは大変だったのよ」と、いろいろ工夫した点について話してくれました。子どもの目の前でぞうきんを縫い、ぞうきんに興味をもつようにしたり、子どもの視界に入るようにほうきとちりとりを置き、使い方を図示したり、自分もモデルとなって一緒に掃除したりしたそうです。

　5歳児だからできていると思っていたのですが、保育者が意図して環境や配慮をしたからこそだということに驚きました。

クラス運営に役立つ基本スキル 14　第2章

ポイント
子どもが豊かな生活体験を積めるように

子どもの生活を豊かにする

- 子どもの生活体験をより豊かなものにするため、「生活」は遊びと切り離されるものではなく、遊びのなかでおこなわれるものと位置づけられます。

- 子どもは、発達に応じて自分の物を認識するようになり、やがて自分の物をしまったり、管理したりすることができるようになります。

- 子どもはさまざまなことを「生活」を通して体験することで、心を豊かにし、感じたり考えたりしていくのです。ところが現代は、子どもの生活体験が減り、生活のなかでかつてはされていた動作が少なくなっています。たとえば、「蛇口をひねる」「ドアノブをひねる」などの動きや「ぞうきんを絞る・ぞうきんがけをする」「ほうきではく」などの行為、「朝夕の時間に、植物に水をやる」「畑を耕す」など栽培や自然とのかかわり、「調理する音や香りで食事を予想する」といった文化的な背景を含むものなどです。

- ほかの人が使えるような物を作ったり、ほかの人の役に立ったりすることで、感謝されたり喜ばれたりする体験を積むことも必要な生活体験といえます。子どもの生活を豊かにするためには、私たち大人が、まずその生活を豊かにする必要があるのかもしれません。

なわとびの練習台を自らほうきではく5歳児

乱雑にしまわれた本が気になり、自ら整理する

77

0・1・2歳児の場合

❶玩具を片づける棚には、大きな写真を表示する。

❷「引っ張る」「ひもを通す」「スプーンですくう」「水をくむ」「水を注ぐ」など、遊びのなかで指先を使う玩具や機会を用意する。

❸食事の準備や片づけ、着替えなど、できるところは自分でできるよう工夫する。

❹自分でしようとすることは、たとえ失敗しても「しようとしたこと」を認め、ほめるようにする。子どもが「見てて」と求める際には、しっかり見守るようにする。

❺一つひとつできることを増やすとともに、「今日はやりたくない」という気持ちについても認めていく。

3・4・5歳児の場合

❶片づける棚には写真と文字を入れるとともに、「自分から取り出す➡使う➡しまう」という行為が引き出しやすいよう配慮する。

❷掃除用具などは気づいたときに使えるよう、複数の子どもの視界に入るように工夫して配置する。

❸当番活動は大切だが、その内容はよく吟味する必要がある。

❹子どもが話し合い、自己決定し、後片づけまでできるように配慮する。

❺スケジュールボードに、ピクチャーカードを使ってその日の大まかなスケジュールを掲示して、予測・確認できるようにする。

❻ほかの人の役に立つような活動をおこない、喜ばれるような体験ができるよう配慮する。

第2章 クラス運営に役立つ基本スキル14

ポイント 環境構成

子どもの生活を豊かにする

「ぞうきん縫い」がきっかけでぞうきんがけがブームに

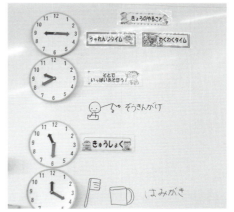
おおまかな1日のスケジュールを見て動く

牛乳を自分たちで注ぐようになった子どもたち

蛇口をひねる

| 基本スキル 13 | 子どもの安全・衛生管理 |

あるある事例

　アキラ先生が担任をしているのは、とても元気な子どもが多く、けんかも多いクラスです。6月中旬の梅雨どき、じめじめした高湿度の保育室で、普段仲のよいそうた君としょう君がささいな意見の食い違いからけんかになり、しょう君が押したため、そうた君が棚にぶつかりけがをしてしまいました。

　クラスの子どもにけがをさせたことで、アキラ先生は落ち込みました。アキラ先生は、「ヒヤリ・ハット」の報告書を作成するとき、けがが起こった理由を「自分がよく見ていなかったため」と記載しました。後日、主任から「子どものけがは、また起こるかも」と声をかけられました。「え、どういうことですか？」と尋ねると、主任はこう答えました。「だって、あの子たち年長さんでしょ？　もういい加減、自分で自分の危険は回避できるんじゃない？　そもそもこの時期は、室内でのけがや事故が多くなるから、そうならないような環境や活動の工夫が必要なのよ。だから、けがの原因は"見ていなかった"だけではなく、そうならないような環境と活動の工夫が足りなかったこと、普段から彼らに"危険"について考えさせてこなかったこともあるんじゃないかしら」。アキラ先生は、もう一度クラスの環境を思い出してみました。

ポイント 「リスク」と「ハザード」という考え方

　子どもの安全管理について、「リスク」と「ハザード」という考え方をもつようにしましょう。リスクとは子どもが自ら気づかなくてはいけない危険で、ハザードとは大人が取り除かなくてはならない危険のことです。

「リスク」…子どもが自ら気づかなくてはいけない危険

（例）
- 跳び越えられるかどうか判断する
- 投げてもよいものかどうか理解する
- どこまでのぼれるか自分で判断する
- 立ち上がってよいか判断する
- 飛び出してよいか確認する

「ハザード」…大人が取り除かなくてはならない危険

（例）
- その年齢にあった遊具かどうか判断する
- 遊具の破損部分や危険部分を見つける
- 子どもができるかどうか見極める
- 正しい使い方をしているかどうかを確認する
- 落下する可能性のあるところにマットを敷いておく
- 薬品に触らないように、子どもの手が届かないところに上げておく
- ドアに手を挟まないようにガードをつけておく

保育者は、ハザードを除去し、子どもが自らリスクに気づけるよう配慮する

第2章 クラス運営に役立つ基本スキル14

子どもの安全・衛生管理

0・1・2歳児はハザードの除去を中心に

　0・1・2歳児のクラスでは、リスクよりもハザードの除去を中心におこなう必要があります。この時期の子どもに起こりやすい事故は、「転倒、転落、切傷、打撲、誤飲、窒息、やけど、溺水」などです。子どもの事故と子どもの発達は関連しており、子どもの発達を理解したうえでの安全・衛生管理が求められます。

3・4・5歳児はリスク予防の感覚を育んで

　3歳児以上の幼児のクラスでは、ハザードの除去に加えて、子どもたち自身の危険回避能力＝リスク予防の感覚を育てる必要があります。子どもたち自身が試行錯誤をしながら、危険なもの、危険なこと、自分にできること、自分にできないことなどを理解する必要があります。

年下の子どもをじょうずに見守る5歳児

ポイント 子どもの発達と起こりやすい事故

子どもの発達に応じた予防策や環境づくりをおこないましょう。

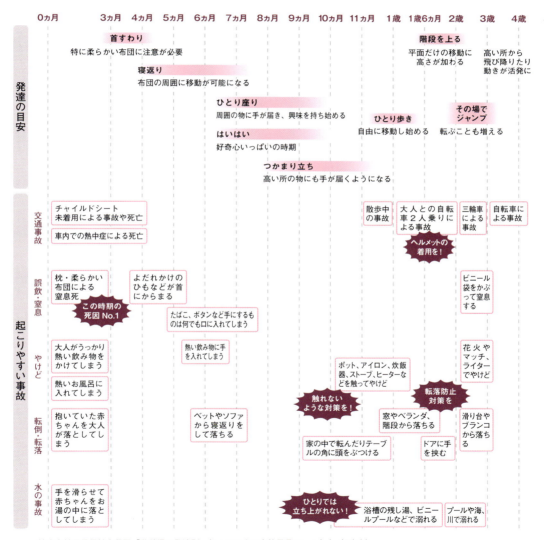

株式会社母子保健事業団「乳幼児の発達別　起こりやすい事故早見シート」（一部改変）

| 基本スキル 14 | 連絡帳・おたよりの書き方 |

あるある事例

チヒロ先生がいつものように午睡の時間に連絡帳を書いていると、先輩保育者のワカナ先生から、「来月の月案なんだけど……」と話しかけられました。話が終わると今度は、チヒロ先生の担当の子の一人である、かいくんが泣き出しました。そばに行ってもなかなか泣き止まず、触れてみると熱がありました。看護師に報告しに行ったり、保護者に連絡したりしていたら、あっという間に午睡の時間は終わり、おやつの時間となりました。

やがてお迎えの時間になり、ゆうなちゃんの保護者が来たときにはっとしました。「連絡帳がまだ書けていなかった！」と気づいたのです。その日は口頭でお詫びをしました。ゆうなちゃんのお母さんは気に留めていないようで、「いいですよ」と言ってくださいました。しかし後日、ゆうなちゃんの保護者から「連絡帳をあまり書いてもらえない」と主任に相談があったのです。

主任やクラスの先生からは、「これから気をつけてね」と言われましたが、一体どう気をつけていったらよいのか？　悩んでしまいました。

ポイント
連絡帳を書く意味

- 0・1・2歳児のクラスでは、連絡帳を毎日書くことになります。連絡帳は、「ともに子育てをする」ために、子どもの園での様子と家庭での様子を互いに情報交換して、「個別の家庭と」「わかち合う」という目的があります。
- 活動のみの記述であるとか、あまりに簡略な文章であると、保護者に「子どもをよく見てもらえているのだろうか」と不安を与えてしまうことがあります。しかし、情報によっては、連絡帳に書くほどでもなかったり、口頭で伝える必要があるものもあります。どんな情報をどのように伝えるかということを保育者間で確認する必要があります。

ポイント
保護者にとっての連絡帳

- 保護者にとっての連絡帳は、わが子の成長の軌跡が残る宝物のように大切なものです。
- 連絡帳には保育者の温かい視線であったり、子どもを大切に思ってくれているという愛情だったり、いろいろなものが行間からあふれ出します。それだけに、字の形（くせ字、誤字など）や表現（あいまいなものなど）を相手がどのように受け取るか留意する必要があります。
- 保護者のなかには、やりとりから垣間見える家庭生活や育児の様子をさらしたくない方もいます。子どもの過ごし方や睡眠時間など、保護者が隠さずありのままを記せる安心感を与える必要があります。

友だちをまねて、ボールを服の中に入れて「ママ」みたいに

保護者に暗に伝える・伝わる「子どもを観る視点」

- 連絡帳は、書き進めるにしたがって、だんだんと保育者の思いや子どもへの愛情が伝わっていくので、保護者が「先生はこう考えるのか」「子どものこういう行動はこういう意味があったのか」などと理解し、啓発を促すツールにもなり得ます。

おたよりを書く

- クラスだよりは、クラスの状況、保育の意図や過程（プロセス）、成果を広く保護者に伝えるために発行します。園によって発行頻度が異なると思いますが、毎月1回のサイクルで発行する園が多いようです。これは、月間指導計画（月案）の作成とリンクしています。ですから、「前月はこういう『ねらい』があり、こういう『内容（活動・行事）』をおこなって、こういう『結果（評価・成果）』だったという報告」と「翌月はこういうねらいでこういう内容を計画している。協力してもらいたいことはこれとこれ」といった要素を含んでいる必要があります。

最低限必要なこと	さらにあったらよいこと
●前月の報告。ねらい、内容とその結果（評価・成果） ●今月の予定 ●翌月のねらい、内容 ●連絡や協力してほしいこと	●活動の写真 ●子どもが夢中になっていること ●事例 ●子どもの観方（行為の意味）などの説明 ●保育の意図や新たな環境とその意図など

- 園だよりでは、園の状況、理念や基本方針、目指している保育者像なども伝えます。いつも送迎をしていて園の様子がわかっている保護者ではない方もおたよりを読みます。そうした方にもわかるような表現、伝わりやすい表現を心がけるようにしましょう。

ポイント 活用する写真の工夫

- 最近は、保護者に保育の中身をより伝えやすくするために、写真を用いるケースが多くあります。おたよりやホームページに掲載したり、園内に掲示をしたり、研修や保育記録に活用したりします。その際に、こちらを向いて「ハイポーズ！」と言わんばかりの写真が多い園もあります。でも、そういう写真ばかりでは、保護者は「わが子が写っているのか否か？」が気になり、保育者はいつも「みんなが写っているか」を気にしなければなりません。

- 「子どもが活動に夢中になっている様子の写真」を用いるようにすると、クラスの子どもが「何に興味をもっているのか」「どのように活動しているか」といったメッセージを伝えることができ、同時に保育の意図なども写真を通して説明できるのでおすすめです。

掲示した写真には、保育の意図を入れる

第3章

クラス運営に役立つ応用スキル12

対応の難しい場面や、よりクラスが活性化するための保育のあり方について、事例をあげて解説します。

| 応用スキル 1 | # 環境構成①
（外遊びの環境をデザインする）

あるある事例

4歳児クラスのマドカ先生は、今年度の目標を「たくましい心と体を育てる」としました。しかし、子どもの様子を見ていると、物の取り合いが目立ち、特定の友だちと遊べていない子が多く、そもそも園庭で遊びたがらない子もいました。「どうしたら、進んで外で遊べるようになるのだろう？」と思い悩み、会議の場でありのままを報告しました。

すると、3歳児と5歳児クラスの担任が、同じように感じていたことがわかり、3歳児以上の共通の保育目標として、園庭の遊びを指導計画に書き加えていきました。

あるときの園内研修で講師から「園庭に固定遊具しかなく、遊びが広がっていない」と言われました。映像を撮って観てみると、園庭に出た瞬間はブランコや滑り台といった固定遊具に集まりますが、一度やると走りまわっていました。クラスではやっている虫探しも、ただ虫を捕まえては放して終わっていました。

マドカ先生は、「もしかしたら、外でどんな遊びをしたらいいのか、経験が少ない子どもはわからないのかもしれない」と考え、園庭をどんな遊び場にするかを検討することにしました。

クラス運営に役立つ応用スキル12　第3章

環境構成①
（外遊びの環境をデザインする）

ポイント

0・1・2歳児は自分で遊ぶものを決められるように！

探索活動を活発にできるようにし、自分で遊びたいものや場所を決められるようにします。

- 五感（味・触・視・聴・嗅覚）を通した体験ができる環境の工夫
- 手先を使ったり、物の感触を楽しんだりできる環境の工夫
- 年長児と行動をともにする体験や模倣ができる環境の工夫
- 自然と触れ合い、生き物に触れる環境の工夫
- 身体的な活動（山あり谷あり、飛ぶ、押す、引くなど）ができる環境の工夫

ポイント

3・4・5歳児の環境は、体験を広げ、かつダイナミックに！

幼児にとっても五感を通した遊びが大事なのは言うまでもありません。光と影、風、自然環境を存分に生かした環境設定や活動が求められます。

- 身体を使った段階性のある遊び環境の工夫
- 年長児やその遊びの熟達者が主導権をもつ遊びができる環境の工夫
- 年下の子どもに教えたり見せたりする環境の工夫
- 虫や植物、自然物など、捕まえ、調べられる環境の工夫
- 異年齢が混ざる環境・年上の子どもの遊びを見る環境の工夫

竹を使って木琴づくり

雑草を生やしておくと虫が生息し虫とりができる

91

地域ならではの環境を生かす

　その地域ならではの、自然（海、山、里、農業、栽培、道、光、空気など）を生かすことが重要です。地域の環境を保育に生かすことも考えます。例えば、「○○園の子どもだからこそ、地域の田畑に出かけ、自然や里山を体験する機会がある」などです。

- 日常の保育の延長に遠足や園外の体験をつなげる。その地域で体験できるもの（活動・食・まち・公共機関など）を取り入れる。
- 地域の遊び場マップ（園外保育マップ）や商店街などの地域マップをつくる。

水、土、動植物、光、風、自然物で五官（五感）を刺激しよう

- 園庭に築山や穴、トンネルなど設け、起伏をつける。
- 自然の不思議さを感じたり、虫や植物と出会ったり、温かさ、冷たさ、影、日向、においなど、五官（五感）を刺激する物を意図的に用意しておく。

起伏や穴

土や水に触れる

服についたオナモミ

第3章 クラス運営に役立つ応用スキル12

環境構成①（外遊びの環境をデザインする）

ポイント 異年齢で集い、同じ空間で遊ぶ
（常に出会うミックスゾーンの活用）

0・1・2歳児優先	ミックスゾーン	3・4・5歳児
小さい子が安心して遊べる	共通して遊べる	ダイナミックに技能的に遊べる（0・1・2歳児も遊べる）
走り跳ぶ場 起伏ある遊具 ハイハイできる場 静の遊びができる場	砂場 ごっこ遊び 3輪車 リズムダンス 自然物制作	ドッジボール・集団遊び 縄跳び・竹馬 研究・畑・アジトスペース・廃材 年長ならではの高度な遊び

＊行き来を制限しない　＊ミックスゾーンは「観察・模倣」の場

ポイント 遊具に段階をつけよう
（簡単なものからより技術の高いものへ）

竹馬

❶ポックリ  → ❷一本ゲタ／ヤットコ → ❸竹馬

縄跳び

❶手作りのジャンプ台で跳ぶ感覚 → ❷縄跳びをその上でやってみる

| 応用スキル 2 | # 環境構成② （室内遊びの環境をデザインする） |

あるある事例

　3歳児クラス担当のフタバ先生は、朝、子どもを迎え入れてからの時間が子どもにとって有意義な時間になっているか気になっていました。遊びが単発的に終わっていたり、何をしてよいかわからずうろうろする子どもがいるからです。そうした子どもは、友だちとトラブルになったり、保育者にずっとくっついてきたりしがちです。そのためブロックや粘土など、いつも同じような遊びをしていました。

　先日の園内研修で、講師に「室内がだだっ広く、子どもが主体的に選択して遊べるようなコーナーがない」と言われました。なるほど、映像に撮った室内を観てみると、特にしたいことがない子は、外を見ていたり、うろうろと何をしていいかわからない様子だったりしていました。保育者にべたべたと甘える子どもも多く、今までは「愛情が満たされていない」とか「夜遅くまで起きていたから」とか、理由を限定的に捉えてスキンシップでカバーしようとしていました。そのため、その状況を改善しようと検討しても「保育者の数が少ないから、子どもの要求にこたえられない」という結果に終わっていました。

環境構成② (室内遊びの環境をデザインする)

ポイント 0・1・2歳児の室内環境は、選択できる余地を

生活
- ●安心して過ごす　●一人ひとり、個別に過ごせるようにする　●室内を区切る
- ●小集団で動く　●自分の物、物を出し入れする場所をわかりやすくする

遊び
- ●五感（味・触・視・聴・嗅覚）を刺激する　●手先を使う　●物の感触を楽しむ
- ●自由に表現する　●探索活動をする　●自然と触れ合う
- ●年長児と行動をともにし、模倣する　●生き物や植物に触れる

ポイント 3・4・5歳児の室内環境は遊び込める工夫を

生活
- ●自分自身でできるようにする　●掃除や片づけ　●調理
- ●自己選択・自己決定できるようにする
- ●小さい子ども（1～2歳）の世話　●小動物の世話
- ●スケジュールを確認する　●労作（役に立つ経験）　●小集団で話し合う

遊び
- ●五感を通した遊び　●年下の子どもに教えたり見せたりする
- ●虫や植物、自然物など、とことん調べる　●身体を使った段階性のある遊び
- ●絵本に親しむ　●生活場面で、異年齢を意図的に混ぜる（食事・睡眠ほか）

室内の遊びの環境例（０・１・２歳児）

❶**遊びの内容に応じた空間（コーナー）を構成する**

例

ごっこ遊びができる場

車・レール遊びができる場

描いたり作ったりができる場

こねたり作ったりする場

❷**保育者の居場所やかかわりを意図する**

　保育者は、子どもの近くで見ていたり、子どものモデルになったりしながら、子どもが遊びに夢中になれるよう工夫します。子ども同士のトラブルにも介入しやすいように、近くにいながらも子ども自身が選択できるように、過度に声をかけないことも大切です。また、不必要に大きな声にならないよう、声の大きさにも注意します。

クラス運営に役立つ応用スキル 12　第 3 章

ポイント 室内の遊びの環境例（3・4・5歳児）

環境構成②（室内遊びの環境をデザインする）

❶遊びの内容に応じた空間（コーナー）を設定し、自由に広げたり狭めたりできるように構成する

例

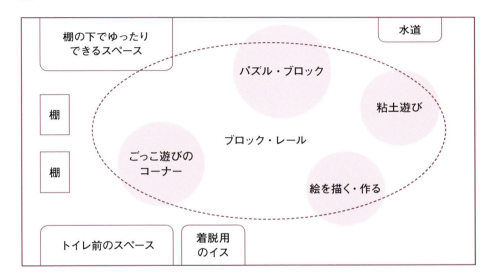

＊はじめは上の図の色丸で囲んだような遊びが展開されていたが、ごっこ遊びのコーナーで自然発生的に「ラーメンやさん」が始まった。そのうちさらに広がりをみせ、メニューや看板を書いたり、粘土やブロックも使ったりして、クラス全体の遊びとして広がっていった（点線の囲み参照）。

❷保育者の居場所やかかわりを意図する

　保育者は、子どもの様子を近くで見たり、ときに離れて見たりして、夢中になっていない子どもやコーナーがあれば、介入して遊びが広がるように援助します。

❸スケジュールを確認して動く

　生活や活動の流れは、その日にボードで確認するようにします。

> 応用スキル 3

保育者としての省察

あるある事例

マイ先生は4月から入職し、2歳児クラスの複数担任の1人となりました。はじめの半年間は無我夢中で、先輩保育者の見よう見まねで保育をおこなってきました。しかし最近になり、自分のかかわりや言葉かけが正しいのかがわからなくなってしまいました。また、先輩保育者のかかわりにも疑問をもつ場面がいくつか出てきて、悩むようになりました。毎日、子どもの見守りや援助であっという間に時間が過ぎ、自分の保育を振り返る機会がありませんでした。

先日、はじめて講師の先生を呼び、園内研修をおこなう機会がありました。講師の先生は、午前中の様子をビデオに撮り、午後の時間にみんなで観ながら振り返りをしました。

映像を観て、いちばんハッとさせられたのは、自分がまったく笑っていないことでした。子どもとかかわっているときはもちろん、ほかの場面でも笑顔が少ないのです。また、子どもに指示的な言葉かけも多いような気がしました。いずれにしても、自分の姿を自分で観ることができたのはとても貴重な機会となりました。

クラス運営に役立つ応用スキル12　第3章

ポイント　なぜ振り返りが必要か

保育者としての省察

　保育者の業務や子どもの日常の生活は、時間に沿って「流れている」ため、「気がつくと1日が終わっていた」という状況になりやすく、あらためて振り返ることが難しいこともあります。

　アメリカの哲学者であるD.ショーンは、教育者について「反省的実践家」と言い表しました。つまり、目の前の子どもへのかかわりや援助をおこないながら、常に「むしろ、ああすればよかったのでは？」「前はこうだったのに、なぜ今回はうまくいかないのだろう？」などと、自身の行為について評価しながら行動を決めているというのです。保育者やソーシャルワーカーも、まさに同じようなスキルを使って実践をおこなっています。

　省察をすることは、今おこなっている実践の評価（リアルタイムな自己評価／その後に考える自己評価）が次のよりよい実践を生み出すことにつながり、その省察が積み重なることによって、保育という臨床の研究や創造につながっていくのです。

　その場で、あるいは日々の省察が、自身の知識・技術・判断する力を高めていくといえます。

付箋紙を使って振り返ると、みんなの意見が集約でき、かつ、可視化できる。日常的に保育者間だけでなく、調理や保健担当、子育て支援、一時保育、延長保育、パートなど「気軽に話し合える」関係が必要

99

振り返る方法

　事例のように、日々の業務に流されてしまい、なかなか自身の保育を振り返る機会がないのが現状かと思います。保育を振り返るにはいくつか方法があり、園の保育にあった効果的な方法で、おこなうことが求められます。

❶省察

　1日の実践が終わった時点で、自分の保育を振り返り頭のなかで保育を見直してみると、自分の理解の仕方の不十分な点や、実践中にはほとんど気づかなかった小さな行為の意味に気づき、あらためて考察することができます。

- 掃除をしながら、翌日の準備をしながら、記録をとりながら、その日の保育を振り返ってみましょう。
- 心に残る場面はメモに残しておきましょう。

❷保育カンファレンス

　保育について、語り合いを中心に振り返る方法です。この際、正解を求めようとしない（年長者のなかにある正解を、先取りしようとしない）、本音で話し合う（頭ではわかっていてもそれができない、その内的感情を吐露する）、意見の優劣を競わないなど、あらかじめルールを確認しておこなうことが求められます。それでも語り合うような雰囲気にならない場合は、付箋紙を使った振り返りや語り合いの方法もあります。

- 同僚とともに保育について語り合いましょう。
- 実践を語り合うことで、互いの保育観を確認しましょう。

❸それぞれの成長を支え合う（自分も育ち、相手も育つ）

　相互に保育を観察し、よいところや課題を他者の視点から明確にする方法です。映像を使用すると、さらに根拠がはっきりします。

- 互いの保育を見合い、よさを伝え合いましょう。
- 互いの弱みをさらけ出し、カバーし合いましょう。

❹ポートフォリオ、ドキュメンテーション

子どもの成長の様子や作品を綴じたり、クラスの活動や様子を写真とコメントを付けて記録し、文書にまとめたりすることで（ポートフォリオ、ドキュメンテーション）、保育の過程（プロセス）を可視化します。

- 月に何度か、保育の過程を写真と文章で綴っていきましょう。
- 保護者にも閲覧してもらい、保育の意図を伝えましょう。

❺写真、ビデオ

保育のなかで、子どもが輝いている場面、安心してかつ夢中になっている場面、そういった場面を写真やビデオに記録し、振り返りに使用します。

- ビデオは定点で撮影したり、手持ちで撮影したり、ウェアラブルカメラを使用したりします。目的によっていろいろな方法が考えられます。

❻記録（保育記録・要録・児童票）

記録の様式にもよりますが、記録を通して振り返りのできる場合もあります。

- エピソード記録とそれを用いた研修：鯨岡峻氏は、保育のなかで特に「保育者の心が揺さぶられた場面」「保育者が書きたいと思ったもの、あるいは書かずにはおれないと思った場面」をエピソードとして記述することによってなされる省察の重要性を指摘しています。また、そのエピソードを、研修を通じて他者と共有することを提案しています。

❼ケース記録やアセスメントシート

ケース会議の際の記録やアセスメントシートなどは、その子どもや家庭の長期的な変化がわかるので、振り返りの材料になります。

- 「気になる子ども」について、エピソードや経過をまとめ、話し合いましょう。

| 応用スキル 4 | 保護者との関係づくり |

あるある事例

　園庭開放の際に、生後10か月の子ども（男の子）を抱いたお母さんがやってきました。そのお母さんは、「昨日の夜から、何度抱っこしても泣きやみません」と、眉間にしわを寄せていました。

　ユウコ先生がその子どもを少し抱いていると、お母さんは「長い時間ありがとうございました」と言って子どもを引き取りました。そのときユウコ先生は、ふとそのお母さんが言った「長い時間」という表現が気になりました。きっとこのお母さんは、こんなわずかな時間でも、人に子どもを見てもらったことがないのかもしれないと思いました。

　その後、同じお母さんが園で開催している子育て広場に「抱きすぎて腱鞘炎（けんしょうえん）になった」と言ってやってきました。ユウコ先生は、子どもを抱きながら、お母さんの話をいろいろ聴くようにしました。すると、彼女の夫は職場が遠方で、ほとんどその遠隔地で過ごしており、彼女自身は育休をとったばかりとのことでした。ユウコ先生が「大変になったらいつでも来てくださいね」と伝えると、お母さんはどこか安心したような表情になりました。

今どきの親はだめなのか？

　保護者は、子どもが「かわいい⇔かわいいと思えない」という両義的視点・感覚をもち、それに揺れ、そう思ってしまう自分を責める気持ちをもっています。自分では、「親」をかけがえのない役割と思いながらも、社会的には「だれでもできること」として（特に夫・家族から）認められていないように考えがちです。

　平日の日中は特に、「母子カプセル」（親子だけの人間関係）となってしまい、子育て支援の広場に行っても、「母子たちカプセル」になってしまうこともあります。

なぜ育児不安を感じるのか？

　現代は、出産前に育児を見たり経験したことのない人が約8割といわれています。また、育児負担感をより強く感じるのは、共働きの母親よりも専業主婦に多いといわれています。特に就園前の0・1・2歳児を育てる家庭への支援が求められているのです。

保護者との関係づくり

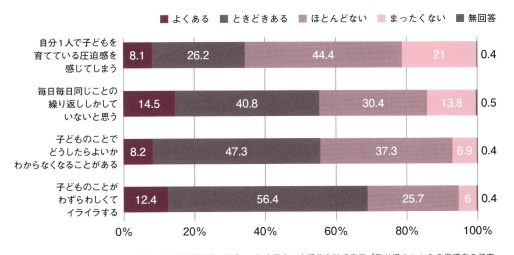

出典：独立行政法人福祉医療機構　平成17年度子育て支援基金助成事業「乳幼児をかかえる保護者の子育ての現状」調査結果の概要版　図3「保護者の育児不安」母親、公益社団法人全国私立保育園連盟

0・1・2歳児クラスの留意点

- 口頭や連絡帳で家庭とのやりとりを活発におこなう。
- 口頭や連絡帳、おたよりなどで、子どもの成長やよさを伝える。
- はじめて育児をする保護者には、特に子育てに関する情報を伝えるとともに、よく話を聴く。
- 保育参加や懇談会などを利用して、保護者同士が知り合えるような橋渡しをする。
- 保護者とともに子どもの成長を喜ぶ姿勢を忘れないようにする。

3・4・5歳児クラスの留意点

- 保育参加や行事参加の機会を多くつくり、わが子だけではなく、ほかの子どもとのかかわりを増やすとともに、保育の意図をくみとり理解を促すような機会をつくる。
- 0・1・2歳児の保護者と、子育てについて話をする機会をつくる。
- 保護者が主体となった活動を支援する。

かかわりの基本 信頼関係を築く

- 信頼関係と距離感

　対人援助は、信頼関係（ラポール）をつくることから始まるといわれていますが、そもそもはじめから信頼関係を構築できるわけではありません。日々のかかわりや何気ないひと言が信頼関係を強くしたり、逆に失ったりするのです。また、保護者との距離感をどう意識するかということも大切な視点です。心理学者のウィニコットは、母子関係で重要なポイントを「ほどよい関係」（good enough）と定義しました。援助関係では、これを応用し「ほどよい援助関係」（「近過ぎず

遠すぎず」ということではなく、必要に応じて近くなったり遠くなったりできる関係）を意識する必要があります。

　人は「受け入れられた」「安心・安全」という感情をもつと、次第に心を開いていきます。多様なかかわり（ていねいかつ柔軟な関係）を意識しましょう。

園に保護者の居場所と役割をつくろう

　かつて、保護者にコーヒーをいれて、保護者と交流をもち、話を聴いた園長先生がいました。

- 園に保護者の居場所と役割をつくります（場所や機会）。
- 送迎時にふっと落ち着いて座れるテーブルやいすを置いたり、いつでも保育を見られるような工夫をします。座ったり話せたりする場所をつくってみると、そこに集うようになり、話がはずみます。

　参考／新澤誠治『私の園は子育てセンター――共に育て、共に育つ保育』（小学館、1995）。作者の新澤誠治氏は、かつて迎えに来る保護者にコーヒーをいれ、話をし、ホッとできる空間をつくりました。保護者も"仕事の顔"から"親の顔"に戻る時間が必要なのです。

保護者もまきこみながら活動する

みんなで食べる

| 応用スキル 5 |

子どもの育ちの可視化

あるある事例

今年から4歳児クラスを担当するナナエ先生に、主任のトモミ先生がクラスの様子を聞きました。

主任「ナナエさん、クラスを担当してもうすぐ1年ね。子どもたちもずいぶん成長したわね」

ナナエ先生「4月の姿と比べてみると、本当に子どもが成長したと思います。先日の保護者会で、『子どもたちがこんなに大きく育ちました！』って伝えました」

主任「保護者の方も喜んだでしょうね」

ナナエ先生「保護者のみなさんも『先生の熱意ありがとうございます』とは言ってくれるのですが、なにかピンと来ていない感じもするんです。それよりも、その話のすぐ後に『もっとこうできないですか』とか『うちの子はほかの子と比べてどうですか』という話になって……」

日々の連絡や保護者会など、保護者に子どもの育ちを伝える場面は日常的によくあります。

「保護者がわかってくれない」と嘆くのは簡単ですが、どうしたら理解されるのか、どうしたら保育の目的や意図が伝わるかを考えていくことにしました。

0・1・2歳児クラスの場合

　0・1・2歳児の発達は目覚ましいものです。「座る」「立つ」「歩く」など身体的な発達や喃語・発語など言葉の発達、離乳～幼児食への移行など外見的な発達、「人見知り」「イヤイヤ」など内面的な発達と、さまざまな変化があります。

　0・1・2歳児の発達や意味を伝え、ともに喜ぶことは容易ですが、個人差が大きいので、「ほかの子は歩いているのに」「あの子はしゃべっているのに」「本やネットにはこう出ているのに」など、ほかの子どもや情報との比較で保護者は不安を覚えることがよくあります。特に第1子の場合、子どもの発達を過度に気にしたり、子育て自体に不安を覚えたりすることも多く、個別的な配慮が必要です。

3・4・5歳児クラスの場合

　3歳以上になると、自分で考えてできることも増え、また友だちとの関係も深まり、ときに葛藤を経験することもあります。子どもは、園であったこと（特に楽しかったことや友だちとけんかをしたことなど）を、家庭で自分から話をするようにもなります。しかし保護者は、そうした子どもの口から伝えられたことについて気にすることもあるため、保育者はそれを受け止め、事実を補うような伝え方が求められます。

　日ごろから、子どもの遊びや活動の意図や意味をさまざまな場面で、多様な方法で伝えることが望まれます。

特別な状況がある場合

　保護者の育児負担感が大きかったり、保護者自身に不安があったり、子どもに障がいがあったり、外国籍の家庭だったりする場合は、配慮の仕方が異なってきます。個別に対応することはもちろんのこと、そのがんばりや葛藤を認めていくような試みが必要となります。

保育の「見える化」のコツ

❶掲示を活用しよう
- 保育の意図や過程がひと目でわかるような掲示の活用（ポートフォリオ）
- 保育者の「いいな」という場面を写した写真の活用
- 子どもの成長がひと目でわかる、写真の活用（写真に意図を添える）

❷いろいろな状況や方法で伝えよう
- クラスの日々の状況を伝える（連絡ボード、掲示、写真）
- 一人ひとりのよさをさり気なく伝える（対面、連絡帳）
- １年間の成果がひと目でわかるような示し方の工夫（ポートフォリオ）

❸保護者が実際に見たり体験したりする機会を活用しよう
- 保育の意図がわかるような体験・参観

環境構成の例（０・１・２歳児クラス）

- クラスの一日の流れを写真などを使って説明しているデイリープログラムです。保育の意図をわかりやすく伝えるようにすることで、保護者も一日の生活が把握でき、家庭での生活ともつながるようになっていきます。

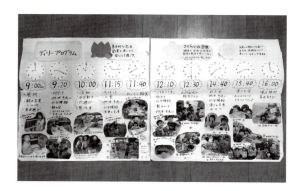

- 子どもが夢中になっている「いい場面」を撮影し、それを掲示することで、保育者が何を大切にして子どもたちにかかわっているのかを伝えます。こうした活動の写真には、保育の意図や目的、子どもの行動の意味を添えましょう。

例　「年長児の遊びをじっと見つめる1歳児（左）」

遊びのなかで、年長児の遊びに興味をもち、自分もやってみたいと思うようになる。

環境構成の例（3・4・5歳児クラス）

- 子どもの育ちがわかるようなポートフォリオとして、活動の意図、過程、結果が見えるものを作成し、掲示します。写真を入れることで視覚的にもわかりやすくなります。

応用スキル6 保護者とのコミュニケーション①
（日常の保育を伝える）

あるある事例

　カリン先生は、以前から人の目を気にする傾向があります。

　先日の保育参観のときは、保護者の視線を気にして、いつものように子どもとかかわることができないばかりか、絵本を読むことも普段よりたどたどしくなってしまいました。

　見かねた先輩保育者が、「カリン先生、ずいぶんと緊張していたようだけど、普段からもっと保護者にも気さくに話しかけてみたらどうかなあ」と言ってくれました。でも、「それができなくて困っているのに……」と、カリン先生はさらに落ち込んでしまいました。

　あるとき、夕方の迎えに来た保護者から「カリン先生、いつもたろうのこと見てくださってありがとうございます。この子、カリン先生に会いたくて行っているようなものよ」と言われました。思いがけない言葉だったので、とてもうれしくてその場で涙が出てしまいました。

　その日を転機に、カリン先生は、保護者に以前より積極的に声をかけるようになりました。

保護者とのかかわりも重要な"業務"

　子どもが主に生活する場所は家庭なので、家庭や保護者の状況を知り、保護者と情報交換をすることや子育てに関する支援をおこなうことは、欠かせない保育者の業務となります。

- 特に経験が少ない保育者は、年上で子育て経験のある「保護者」に気後れしたり、どのように接したらよいかわからなかったりして、かかわることに躊躇することもあると思われます。
- まずは、にこやかなあいさつや言葉かけはもちろんのこと、子どもとかかわる姿を見せたり、保育や子どもに対する真摯な姿を見せることでも、伝わっていることはあることを意識する必要があります。

コミュニケーションをとることとは

- 目の前にいる保護者と直接的に会話をすることが「コミュニケーション」と錯覚しがちです。しかし、実際は、普段の立ち居ふるまいや他者へのかかわり、子どもや他者を通した情報など、間接的なコミュニケーションのほうが優先して伝わります。
- 言葉を通したコミュニケーションは全体の25％程度であり、逆に、言葉を用いないコミュニケーションは75％程度であるといわれています。したがって、言葉以外のコミュニケーションへの意識をいかに向けるかを考えるべきといえます。特に、無意識でおこなっていることや、その際の自身の言葉や表情を考え吟味することは、とても重要です。
- 保護者は、保育者と他者とのかかわりの場面を垣間見ています。幼児になれば子どもから伝わる情報もあります。普段のほかの子どもや保護者へのかかわり方や、声の大きさ、立ち居ふるまいなど、さまざまな情報が間接的に伝わっていきます。

- また、おたよりや連絡帳など、書いたものの行間や視点からも「その人らしさ」が伝わります。

間接的コミュニケーションの例	直接的コミュニケーションの例
●子どもから伝えられる情報 ●ほかの保護者などから伝えられる情報 ●送迎時に垣間見える姿 ●ほかの子どもや保護者への声かけ・かかわりの姿 ●おたよりなどから垣間見える保育観 ●クラスの室内環境 ●生活のルール ●保護者への連絡事項	●言葉を交わす ●話をする（他者がいる場面・いない場面） ●話を聴く ●手紙を書く ●電話をする

基本的なかかわり　カウンセリングマインド

- カウンセリングマインドとは、保育者が、子どもや保護者をより深く理解し、わかり合うために心がけたいカウンセリングの基本精神・姿勢（受容・共感的態度ほか）のことです。相談室などでおこなわれるカウンセリングに対して、日常のさまざまな場面（登降園時の会話や面談・保育参加、連絡帳など）において活用していきます。

かかわりの原則——バイステック7原則

❶個別化

「今どきの困った親（子）」と見ない。この人は「何に困っている親（子）か」を見る。また、「○○くんのお母さん」ではなく「○○さん」と名前を呼ぶことから始める。

❷ **意図的な感情の表出**

悲しい・つらい・苦しい・楽しい・うれしいなどの感情を引き出し、かつ自由に表現できるようにする。

❸ **統制された情緒的関与**

自分自身の価値観、相手への感情や思いを振り返りながらかかわるようにする。

❹ **受容**

その人の思いや考えを肯定的に受け止める。

❺ **非審判的態度**

こちらが○×をつけないようにする。

❻ **自己決定の尊重**

決めるのはあくまでも本人に任せる。もしも迷っていたら、いくつかの選択肢を提示する。

❼ **秘密保持**

個人的な情報は、絶対にだれにも漏らさないようにする。

出典：Felix.P.Beistek 尾崎新ほか訳『ケースワークの原則――援助関係を形成する技法（新訳改定版）』（誠信書房、2006）より

保育所保育指針における基本事項

第四章「子育て支援」1 保育所における子育て支援に関する基本的事項

(1) 保育所の特性を生かした子育て支援

　ア 保護者に対する子育て支援を行う際には、各地域や家庭の実態等を踏まえるとともに、保護者の気持ちを受け止め、相互の信頼関係を基本に、保護者の自己決定を尊重すること。（中略）

(2) 子育て支援に関して留意すべき事項

　ア 保護者に対する子育て支援における地域の関係機関等との連携及び協働を図り、保育所全体の体制構築に努めること。

　イ 子どもの利益に反しない限りにおいて、保護者や子どものプライバシーを保護し、知り得た事柄の秘密を保持すること。

| 応用スキル 7 | 保護者とのコミュニケーション②（相談援助）|

あるある事例

ユリ先生は、はるきくんのお母さんと話をしていて、「最近、食べ物の味がしないんだ……」という悩みを聞きました。「それは大変ですね。病院へは行かれたんですか？」などと尋ねたことをきっかけに、迎えのときに話すようになり、次第にその内容は、子育てがつらいことや、夫と別れたいと思っていることなどにまで広がるようになりました。あ る日、ユリ先生は、このまま一人では抱えきれないと思い、「主任にも相談に入ってもらってはどうでしょう？」と、はるきくんのお母さんに伝えてみました。すると、「私、ユリ先生だから話しているんですよ。だからだれにも言わないでね」ということでした。

ユリ先生は、どうしたらよいのか、わからなくなってしまいました。

第3章 クラス運営に役立つ応用スキル12

ポイント 保護者とのかかわりを意識しよう

- 新任や若手の職員で、直接的かつ継続的に保護者の相談を受けるケースはそれほど多くないかもしれませんが、保護者のなかには、否定されたくない、ただ話をうんうんと聞いてくれる存在を求めて話す場合もあります。しかし、その内容が虐待やDV（家庭内暴力）など、子どもに影響が出るような重篤なケースの場合は、守秘義務をおこないつつ、園で情報を共有することが必要になります。

- この場合、はるきくんのお母さんが主任との相談を望んでおらず秘密保持を求めていることから、はるきくんのお母さんから（相談の具体的内容ではなく）気になる事柄を聴いているということのみ情報を共有し、はるきくんの園や家庭での状況・変化などについてケース検討をしていきましょう。担任だけでなく、いろいろな保育者の目も必要です。

- まずは保護者を否定せずに、なぜ現在のような状況なのか、子どもの状況はどうかを見守りながら、情報収集をしていくことが大切です。

ポイント 観る・聴く、理解する、伝える

観る／聴く

まずは、子どもや保護者の状況を観たり聴いたりして状況を分析します。

- 外見・動作・表情を観る／聴く：しぐさや言葉、外見の変化などに着目する。
- 家族・地域・社会との関係を観る／聴く：その人が置かれている地域環境や家族に着目する。
- 生育歴・生活史を観る／聴く：その人が育ってきた過程に着目する。
- 問題を観る／聴く：何がどのようにその人にとって「問題」となっているのか、ともに吟味する。

保護者とのコミュニケーション②（相談援助）

●援助者を観る／聴く・観られている保育者を観る／聴く：自分のかかわり、自分はその人にどのように見られているかを吟味する。

理解する

　自分のなかに理解のための引き出しをいくつもつくり、どういう状況なのか理解することが必要です。

● 「理解」のものさしをたくさんもつ。

● 「わかったつもり」にならない。

●自分は、その保護者・子どもをなぜ理解したいのか、何を理解したいのかを知る。

伝える

　伝えることは、最も難しい援助です。その日の様子や連絡事項を伝えるだけでは、本当の意味で「伝える」ことにはなりません。こちらがどのように理解しているのかを投げ返すことも、伝えることになるのです。

●子どもの日常的な様子、よい部分、育ちなどを伝える。

●子育てに関するさまざまな情報を伝える。

●問いかける・保育者の理解を伝える（「このように思えますが……」「これはこういうことではないですか」など）。

●言葉では表現されていないメッセージを言語化する（「本当はこうお感じなのではないですか」「こうされているのはこういう理由があるのではないですか」など）。

●問題に直面化する（「ここが問題だと思うのですね」など）。

ピア・カウンセリング／ピア・サポート

- 保護者同士が支え合い、悩みを相談し合うことを「ピア・サポート」といいます。
- 保護者が「居やすい」と思えたり「ほっとできる」場（物的・人的環境、雰囲気）があることが必要で、加えて、子育てのグチ・楽しみを共有できる仲間を見つけることが大切です。保護者のみではうまくいかないときには間に入り調整します。
- クラスの保護者が互いに情報交換・物々交換をしていたり、子どもを預け合えていたりしていたら、ピア・サポート的な関係があるといえます。また、園の内外に相談できる専門家がいたりすればなお万全でしょう。
- 折に触れて、子育てを支える家族の機能を強化するために、保護者会などを活用して、父親や祖父母の育児啓発などをおこなってもよいでしょう。
- 保護者同士が子どものことや子育てのこと、自身の生き方など、話をしたり相談をし合ったりする機会をつくりましょう（母親だけでなく父親も、必要であれば祖父母も）。また、経験のある保護者から話を聞いたり、異なるクラスの保護者が交流したりすることで、ピア・サポートがすすみます。

応用スキル 8

アセスメントの方法

 あるある事例

　ヒロカズ先生のクラスのあいちゃん（6歳・女児）は、とても明るい性格で、人懐っこく、友だちも多く、積極的に何でも挑戦しようとする子でしたが、父子家庭で、父親とその恋人と3人で暮らしているという状況でした。
　あいちゃんの送迎は、近所に住むベビーシッターの女性が引き受けていました。ところが、ある日を境にベビーシッターのお迎えはなくなり、同居する父親の恋人が迎えに来ることになりました。その女性のお迎えの初日、あいちゃんは「まだ帰りたく

ない」と言いました。すると、「じゃあいい」と言って女性は帰ってしまい、それ以降迎えに来ることはありませんでした。
　またあいちゃんは、かなり偏食があり、白米やパンなどはよく食べますが、野菜などはまったく食べませんでした。
　ヒロカズ先生はあいちゃんの偏食を改善しようと、土曜日は一緒に調理して食べることにしました。あいちゃんは、自分で作ると普段よりよく食べるのですが、3杯も4杯もおかわりをするので、何かおかしいなと思いました。

アセスメントとは

- 子どもと保護者の状況を総合的に見て評価していくことをアセスメントといいます（事前評価ともいいます）。その子どもの状況を総合的に観察し、評価し、どのような援助やかかわりが必要かを検討・実施する手がかりとします。

子どもや保護者の「何か」が気になったとしたら

- 子どもや保護者の立場に立ったアセスメントをおこないます。課題となる「行動」の是非ではなく、また課題となる行動をいかに止めるかではなく、なぜそのようになっているのかを、子どもの成育歴や背景（家庭や地域）、園での生活、言動の変化などを含めて捉えます。
- 特に家庭での状況（保護者を含め、背景など）を、いかに多角的に観て、聴いて、理解できるかがポイントとなります。
- どのような状況かが明らかになったとしたら、具体的にどのような協力体制で、どのような支援をおこなうかの検討をします。

気になる子どもや保護者へのアセスメントを基に

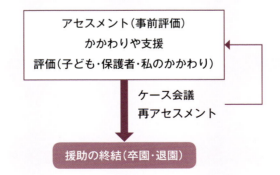

応用スキル 9

気になる子どもの保育

あるある事例

　まさくん（5歳児）は、力が強く怒ると手が出てしまいます。友だちに何か言われると、「キー」と言ってつかみかかり、あげくは止める保育者にもつかみかかってきます。まさくんの保護者は外国籍の方で、母親は日本語がたどたどしいです。まさくんも3歳まで言葉が出ず、今も幼い話し方をしています。

　家庭環境は、家族で店を営み、両親は忙しいため祖母が主に育児をしています。

　まさくんの乱暴は、いよいよ激しくなり、おさまらなくなってきました。母親と話をしたところ、家庭の様子が何となく（母子ともに祖母との関係が難しいことなど）わかり、再三家庭訪問をし、祖母と話をするようになりました。すると、祖母が手に余ると、まさくんを物で打っていたことがわかりました。

　その後毎日、お迎えのときに祖母にまさくんのよさを伝え、折を見てまさくんを物で打たないように話をすることで、まさくんの友だちや保育者への暴力は減り、そのうちなくなりました。

　発表会で懸命にがんばるまさくんの姿を見た祖母はうれし泣きをして、その気持ちを報告に来ました。

ポイント 「気になる子ども」とは？

- 「気になる子ども」という表現は、もともと、保育や心理学の専門用語ではありません。「障がい」の有無にかかわらず、保育者が「気になる」（気にする必要があるかどうかは別にして）子どものことでしょう。特に年齢別の「クラス」「一斉活動」において目立つのではないでしょうか。
- 発達全般、行動・行為（乱暴さ、落ち着きのなさ、パニックになるなど）、対人関係、家庭環境ほか、通常はこのような子どもの行動面が「気になる」ようです。
- 「おとなしい」「なじめない」など、課題が小さいと思えるものであったり、好意的な意味で気になったりするケースもあります。
- 近年、保護者も「気になる」ケースが多いようです。要求の強い保護者（クレームが多い、モンスターペアレントなど）や、福祉的ニーズ・課題を抱える家庭（ひとり親、貧困、障がい、そのほかの家庭環境など）、外国籍の保護者、「気になる」子どもの保護者、育児困難のある保護者などが挙げられます。

ポイント 気になる子どもの「困った」に寄り添う

その子（親）をよく観て、気にかけて、理解する必要があります。「気になる」のは、自分自身もその理解や対応に「困っている」という側面があります。

しかし、「困った子」「困った親」ではなく、本人や家族こそ、何かに困っている場合が多いのです。何に困っているのか、その現象だけでなく、いろいろな面についてトータルに気にかけ理解する必要があります。

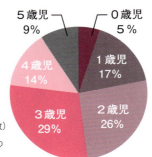

「気になり出す」年齢（クラス）の傾向（事例数）
出典：藤崎春代・木原久美子『「気になる」子どもの保育』（ミネルヴァ書房、2010）より

「気になる」「気にする」「気にかける」

　子どもや保護者の「気になる」行動・行為に目が向きがちになりますが、本当に「気にすべき」ことに気づけているでしょうか。また、ひとつの現象に目が行きがちにもなります。さまざまな面（家庭・成育歴・他者との関係・育ち）からとらえられているでしょうか。

　また、「私」は、なぜその子（親）を気にかけているのか、自身の思いや価値観の特徴も理解するようにしましょう。

「発達障がい」との境界をどう考えるか

児童精神科医の佐々木正美さんは次のように言っています。
『「育てにくい子」と感じたときに読む本』（主婦の友社、2008）より

- 発達障がいの子どもの程度というものは非常にさまざまで、健常の子どもとを分ける境界線は存在しない。
- 富士山をイメージする。重度の子どももいるが、裾野に向かうにつれて健常の子との違いはあいまいになり、どこまでが発達障がいとは決められなくなる。
- 大事なことはその子の「生きにくさ」「苦しさ」をどう手助けするか。

求められる環境構成

- **用具**：子どもに慣れさせるのではなく、子どもが使いやすく工夫する。
- **サイン**：順番やスケジュールなど、絵カード（ピクチャーカード）を活用して、やり終えたら裏返すなど工夫する。
- **活動への参加**：参加したくないときに無理に参加させないようにする。
- **友だちとのトラブル**：クラスの仲間にもその子どもの心情やなぜやりたくないのかなどを伝える。

児童虐待の予防・見守り

　児童虐待防止法第五条には、保育園や幼稚園、その保育者や職員に早期発見の努力義務が課せられています。また、保護者への教育や啓発に努める必要があります。

　近年、児童虐待が増加し（2016年度の児童相談所における相談対応件数122,578件〈速報値〉）、なかでも心理的虐待の割合が約52％と増えています。主な虐待者は実母が約51％、実父が約36％となっています。虐待を受けている子どもは0～3歳未満が約20％、3歳～就学前の子どもが約23％であり、死亡例（52人／2015年度）の多くが0歳児となっています。

　保育者として子どもや保護者の様子に気を配るとともに、園全体で情報を共有し、サポートしていくことが求められます。

●児童虐待の保護者側の要因 （西澤哲『子どもの虐待』誠信書房1994 より）

- ●保護者の認知的歪曲：「泣き止まないのは、私の事を愛していないからだ」「私の子どもだから、何も言わなくても何を望んでいるか察して行動できるはず」と弁解する
- ●限界を超えた危機的状況：貧困、子どもの数が多い、離婚再婚が多いなど
- ●社会的援助の欠如：「社会と関わって嫌な思いをするくらいなら孤立を選ぶ」
- ＊世代間連鎖：約3割と言われる。その多くは自身の体験を語れず「トラウマ」となっている。

| 応用スキル 10 | # 振り返りと自己評価 |

あるある事例

　アユミ先生の園では、「園全体で保育を振り返る自己評価」と「自身の保育に関する自己評価」をおこなっています。自分の保育のことはわかるけれど、ほかの保育者の保育はもちろん、園全体の保育なんて私にはまったくわからないし、言いにくし……と、その意味を理解していませんでした。

　しかし、自己評価をおこない、あらためてほかの保育者の保育も見るようになりました。すると、これまでゆったりとして、どこか子どもの言いなりのように思えたタマミ先生は、子どもへの対応や言葉かけも穏やかで、子どもの支度の時間も、せかしてしまう自分と比べると、その時間が短いように思えました。また、子どものことをほったらかしているように見えていたメイ先生は、広角に子どもを見ていて、どこで、だれが、どんな遊びをしているのかを把握していました。しかも、必要に応じて盛り上がっていないコーナーに行き、子どもを乗せて盛り上がってきたら、さっと身を引いて子どもに任せるようにしていることがわかりました。

ポイント 「評価」とは「よさを測る」こと

- 自己評価の「評価」とは、強みや弱みを「自身の目で」測ることです。評価というと弱みの部分（課題やできないこと）に目が行きがちですが、「よさを測る」ことも重要です。弱みや課題も、「よく」するために今不足しているもの・足りないことを明らかにすると考えると、少し前向きに考えられるのではないでしょうか。
- 園における評価には、いくつかの種類があります。それぞれ、「だれにするのか」という分類と「だれがするのか」という分類があります。

「だれにするのか」には、以下の3つがあります。

❶子どもへの評価（子どもの育ち）
❷保育者の保育実践の評価（子どもとのかかわり・援助、保護者支援に関するもの）
❸園全体の保育の評価

「だれがするのか」には、以下の3つがあります。

第一者評価：自己による評価（個人／施設）

第二者評価：関係者間の評価（行政監査／利用者評価／保育者間の評価／上司による業務評価）

第三者評価：関係者以外の第三者による評価

　　　　　　　①第三者評価の前提には、必ず自己による評価が前提となり、他者がそれをもとに評価します。

　　　　　　　②「実践知」（保育実践の中で得られる知見）は実践現場にあるので、経験知の意識化が必要です（「背中を見て学べ」は古い？）。

振り返りと自己評価

求められる配慮

　保育園や認定こども園では、保育を振り返る時間がとりにくいため、午睡の時間を活用したり、保育に参加する保育者・しない保育者を時間で分け、相互におこなったりする工夫が必要となります。

具体的な方法の例

❶チェックリスト

- あらかじめ決められた項目に従って自分でチェックする。
- チェックしたものを定期的に再チェックする。
- 個々の自己評価を園でまとめ、傾向を見る。

❷園内のさまざまな記録を使って評価をおこなう

- 計画に対する評価。
- 実践をビデオや写真を使って振り返る。
- 日々の記録から振り返る。
- ケースについて検討する（ケース会議）。

❸付箋を使う

　日々の保育のなかで感じている「充実している・うれしい実践」や「課題・不安・反省」などを、色分けされた付箋紙に書き、模造紙に貼っていきます。

- 付箋紙をみんなで整理し項目化する。その際、具体的なエピソードや詳しい内容を保育者間で話し合いながら作業をおこなう。
- 模造紙はそのまま掲示し、いつでも付箋紙を増やせるようにする。

❹エピソード記録
- 自身の実践のエピソード「心に残ったこと」「心が揺さぶられたこと」「描かずにはいられなかった出来事」などを記述する。
- かかわりのエピソード＋自身の考察を記述する。
- エピソードのなかに、その保育者の視点、かかわりのよさや課題が見え隠れする。

ポイント 園内研修の機会を、保育を振り返る機会にしよう！

- 園内研修の方法はいろいろありますが、筆者は、1年間で約15園を訪れ、のべ40回ほどビデオを使った園内研修をおこないました。
- 映像を使用する理由は、身体的な行為である保育（保育者のかかわりや子どもの姿）を自分の目で見たり他者と共有したりして確かめるためです。

- 午前、保育を観ながらビデオに撮る。
- 午後、映像をもとに振り返り、語り合いながら、よさや課題など、継続して振り返る材料を提示します。

＊後日、園でその映像を再度確認する。

＊映像による保育の振り返りを定期的にくり返すことで、振り返る視点や保育を見る視点が明確になり、より省察する力がつきます。また、映像は「撮り手の視点」であるので、どういった場面を切り取るかもひとつのメッセージとなります。

＊継続して取り組むと、「環境構成」や「遊びの広がり」「保育者のかかわり」「教材の研究」「子どもの姿」など、いろいろなテーマが見えてきます。また、これによって保育が大きく変わっていく園もあります。

| 応用スキル 11 | # チームワークの実際 |

あるある事例

アユミ先生は、入職初年度、2歳児クラスに配属されました。複数担任のため、ほかにクラスリーダーである常勤の保育者と非常勤の保育者が1名ずついて、時間によってローテーションを組んで勤務しています。

そのうちに、働く時間帯の関係で、クラスリーダーのサナエ先生ではなく、自分と年齢が近くて話しやすい非常勤の保育者に確認しながら業務を進めることが多くなりました。あるとき、サナエ先生から「決めていたやり方と違う」と指導を受けました。

アユミ先生は、複数担任といっても微妙にずれた時間帯で働く保育者が簡単な情報共有をするのも難しいことを感じました。でも、今後相談したいことがあったらどのように相談したらよいのか、また気になる子どもの様子をどう共有したらよいのかを、素直にサナエ先生に伝えました。

このことがあってから、クラスの情報共有を定期的に全員でおこなうことや子どもについてのカンファレンスをし、先輩保育者と定期的に話す機会ができたので、不安が解消されました。

話し合う時間や研修時間の確保

- 特に０・１・２歳児のクラスでは、複数担当になっており、確認事項や情報の共有が不可欠となります。また、保育時間も長時間化していくと、さまざまな形のローテーション勤務となり、研修やケース会議（保育カンファレンス）などをおこなうことも難しくなってきます。
- 事例のように、新人保育者にとっても切実な問題ですが、園全体としても話し合う時間や情報共有、研修時間の確保が課題となってきます。
- 保育現場は終わりの見えない業務も多くあり、ともすると「サービス残業」が横行し、「ブラック」といわれる職場になってしまう恐れがあります。したがって、業務のなかで大事なものを優先し、削減や外部委託できるようなもの、ICT化などで業務をスリム化できるものを見直す機会をつくることは、その組織のトップに求められた使命でもあります。

働きやすい職場にするための体制や役割の整備

- 「ワーク・ライフ・バランス」という言葉があります（近年、ライフを先にして「ライフ・ワーク・バランス」とする傾向もあります）。保育者も、年代や家庭の状況により、働き方や配慮が異なってきます。以前はみな同じような働き方でしたが、現在ではそれぞれのライフステージに応じた働き方が保障されなければ、長く働き続けることは不可能です。
- 人生はさまざまなステージがあり、新人や若手のとき、未婚のとき、結婚後の子育て中のときで暮らし方が違い、自身や家族の健康状態、親の介護など、多くの困難やストレスが「ライフ」の部分でかかります。それを含めて働きやすい状況をつくり出すことは、法人・会社の運営組織やその施設長に課せられた責任です。

組織としての姿勢を示す（施設長の責任）

- 組織として働きやすい職場になるよう努力しているかということは重要な事項です。できれば毎年、施設長は保育者に、保育の理念や方針、年度の目標や事業計画、中長期計画などといったものと合わせて、福利厚生や相談、バックアップの方針や姿勢についても伝える必要があります。

- 職場のなかで働きやすい環境をつくり、よい雰囲気を醸成することも組織のトップに課せられる課題であると考えられています。また、困難な場合は少しでもよくなるような改善の努力も必要となってきます。

＊保育所保育指針においては、第5章「職員の資質向上」「2　施設長の責務」を参照。

情報共有の方法を工夫する

- よい職場の雰囲気をつくるために欠かせないことは、価値観や情報の共有とよりよい保育をおこなうための研修です。職員が質の向上を目指し、子どもの最善の利益を求めて保育をするためにも、適切な体制や機会をつくることが必要です。

- 情報共有のためには、情報共有ツールの工夫が欠かせません。会議や打ち合わせの工夫（効率化・スリム化）とともに、気兼ねなく語り合える場をつくることが必要です。

「こうやって巻くんだよ」

自分の身体を描く

保育観の違いの調整

　職員が同じ方法で保育をおこなっていれば、同じ価値観をもっているとは限りません。たとえ同じ方法で保育をおこなっていたとしても異なる価値観をもっていれば、保護者や子どもに「迷い」や「疑念」が生じやすくなります。

❶ 会議のあり方

- 会議は、多くやればよいというものではありません。若手が押し黙り、園長・主任などがトップダウンで一方的に伝えていく会議がよくみられますが、それでは意味はありません。連絡事項よりも「話し合う」「若手も意見が出せる（出す）」「ボトムアップの要素」が不可欠です。
- 議題は、園の保育をどうよくするかということが根底にあることが望まれます。園の自己評価や行事、生活のあり方など、保育の質をどうしたら上げていくことができるかをみんなで考えられるとよいでしょう。

❷ 研修・研究

- 保育中に目の前にいる子どもの活動について話をする機会をつくるなど、園の保育をよりよくするような検討・研修・研究の機会や時間を、限られたなかでどうつくるかが重要です。
- 学び合う仲間となるための研修・研究にします。園の保育を振り返り、その課題に応じてテーマを設定し、園内研修や研究を進めていくことで、同じ方向性で学び考える仲間となっていきます。
- 全体の研究テーマを設けて、各クラスで研究を進める
- 異なるクラスのメンバーで、保育研究チームをつくり研究を進める

➡ 成果の発表や公開をする

| 応用スキル 12 | **自己管理（ストレス対策）** |

あるある事例

　ナオ先生は、入職して半年がたちました。なんとかまわりの保育者についていき、クラスの子どもともなじんできました。徐々に任されることも多くなり、おたよりや指導案、記録の作成はもちろん、保護者との面談の場にもリーダーの保育者とともに出向き、失敗をくり返しながらもがんばってきました

　そんななか、ナオ先生は子どもから溶連菌がうつり、1週間ほど仕事を休むことになりました。しかし、溶連菌が治ってからもなかなか体調がよくならず、大事をとってもう1週間休みました。ところが、復帰しようとした月曜の朝、職場に向かう途中で吐き気に襲われました。

　園長先生と主任先生に相談し、医療機関を受診することになりました。ナオ先生はしばらく、園に足を向けることができないでいましたが、まわりの保育者のサポートもあり、その後徐々に仕事に戻ることができるようになりました。

自己管理も大切

自己管理も保育者としての重要な仕事です。自己管理とは、心身の管理のほか、自己研鑽やストレスへの対応も含まれます。

❶身体面

体調がすぐれないと的確な判断ができず、子どもの安全管理に支障が出ることもあります。日ごろから体調管理に努めるとともに、体調がすぐれない場合は申し出る相手、相談する方法、相談できる期間などについても確認しておきましょう。

❷精神面

仕事や生活上のプレッシャー（本人の自覚がある場合とない場合がある）や変化などがストレスとなる場合があります。また、精神的なものだけでなく、寒さ熱さなど生体的なストレスもあります。業務上のつらいことや苦しいことだけでなく、結婚や引っ越しなどの私生活の環境の変化もストレスの要因となります。

ストレスを発散する方法、ストレスへの対応、怒りへの対応などについて考える必要があります。

❸自己研鑽

だれでもはじめての職場では、戸惑いやストレスを感じるものです。ストレスが高くなると、ときに子どもがかわいいと思えなくなってしまい、そう感じる自分自身を責めることもあります。

人間関係や私生活の悩みなどは別にして、仕事上の悩みは、実践力を高めたり、知識を増やしたりすることで、解消される場合があります。また、実践に迷いが生じた場合は、実践を語ったり振り返ったりする「自己研鑽」によって解消できる場合もあります。

著者

石井章仁 （いしい・あきひと）
千葉明徳短期大学保育創造学科教授

日本社会事業大学卒業後、私立保育所保育士として従事し、東京家政大学大学院家政学研究科修士課程修了。東京YMCA社会体育・保育専門学校専任教員、城西国際大学福祉総合学部助教、東京家政大学非常勤講師、千葉明徳短期大学保育創造学科准教授などを経て、現職。保育士の養成に携わるとともに、子育て支援の広場の活動もおこなっている。著書に『基本保育シリーズ⑮ 保育内容総論 第2版』（共著、中央法規出版）、『保育記録を生かした保育所児童保育要録の書き方』（共著、チャイルド本社）などがある。

協力
- 東金市立第1保育所
- 東金市立第2保育所
- 東金市立第3保育所
- 東金市立第4保育所
- 東金市立第5保育所
- 大網白里市立第2保育所
- 山武市立しらはたこども園
- 睦沢町立睦沢こども園
- 社会福祉法人そのえだ 第二勝田保育園
- 千葉明徳短期大学 育ちあいのひろば たいむ

保育わかば BOOKS

エピソードでわかる！
クラス運営に役立つスキル

2018年6月20日　発行

監　修　社会福祉法人 日本保育協会
著　者　石井章仁
発行者　荘村明彦
発行所　中央法規出版株式会社
　　　　〒110-0016　東京都台東区台東 3-29-1　中央法規ビル
　　　　営　　業　Tel 03 (3834) 5817　Fax 03 (3837) 8037
　　　　書店窓口　Tel 03 (3834) 5815　Fax 03 (3837) 8035
　　　　編　　集　Tel 03 (3834) 5812　Fax 03 (3837) 8032
　　　　https://www.chuohoki.co.jp/

編集　　　　　　　　株式会社こんぺいとぷらねっと
印刷所　　　　　　　株式会社ルナテック
装幀・本文デザイン　SPAIS（宇江喜 桜　山口真里　熊谷昭典）
イラスト　　　　　　佐藤道子

定価はカバーに表示してあります。
ISBN978-4-8058-5703-8

本書のコピー、スキャン、デジタル化等の無断複製は、著作権法上での例外を除き禁じられています。また、本書を代行業者等の第三者に依頼してコピー、スキャン、デジタル化することは、たとえ個人や家庭内での利用であっても著作権法違反です。

落丁本・乱丁本はお取替えいたします。